REENCARNAÇÃO

ANNIE BESANT

REENCARNAÇÃO

Tradução
de
Mário de Alemquer

EDITORA PENSAMENTO
São Paulo

Título do original:

Reincarnation

Edição original de The Theosophical Publishing House,
Adyar, Madras, Índia.

Edição
-4-5-6-7-8-9

Ano
-95

Direitos reservados
EDITORA PENSAMENTO LTDA.
Rua Dr. Mário Vicente, 374 - 04270 - São Paulo, SP - Fone: 272-1399

Impresso em nossas oficinas gráficas.

ÍNDICE

Prefácio 7

Introdução 9

I. O significado da Reencarnação 17
O que se reencarna, 19; O que NÃO se reencarna, 28; Pode o humano voltar a ser animal?, 33.

II. O método da Reencarnação 39
Objeto da Reencarnação, 55.

III. Causas da Reencarnação 63

IV. Provas da Reencarnação 79

V. Objeções à Reencarnação 101

VI. Uma última palavra 107

ÍNDICE

PREFÁCIO

Poucas palavras bastam para a apresentação deste pequeno volume. É o segundo duma série de manuais, publicado para satisfazer o desejo daqueles que reclamam uma exposição simples e clara das doutrinas teosóficas. Muita gente se tem queixado de que a nossa literatura é ao mesmo tempo muito abstrusa, demasiado técnica e bastante cara para a grande maioria dos leitores. Estamos esperançados em que esta nova série, correspondendo a uma verdadeira necessidade, preencherá essa lacuna. A Teosofia não é só para os sábios e eruditos; é para todos. É possível que dentre aqueles que, nestes pequenos volumes elementares, beberam as primeiras idéias das suas doutrinas, surjam alguns que sejam levados por elas a penetrar mais fundo nos seus aspectos científico, religioso e filosófico, encarando os problemas teosóficos com o zelo de investigador e com o ardor do neófito. Mas não foi só para o investigador, ávido de conhecimento, para quem não há dificuldades iniciais que o amedrontem, que se escreveram, mas sim para todos os indivíduos, de ambos os sexos, que mergulhados na labuta diária das suas ocupações, procurem assimilar algumas das grandes verdades que tornam a vida mais fácil de viver e a morte mais fácil de encarar. Escritos pelos servos dos Mestres, que são os Irmãos Primogênitos da nossa raça, o seu objeto não pode ser senão servir os nossos semelhantes.

INTRODUÇÃO

Se é certo ser difícil conseguir que qualquer verdade nova se faça ouvir no meio da luta e das discussões características da nossa civilização moderna, ainda mais difícil é conseguir que se dêem ouvidos a uma verdade que se fez nova à força de ser antiga. Se o nosso olhar pudesse abranger a história intelectual da raça humana, que há centenas de milhares de anos se desenvolve perante os nossos olhos, pouca impressão nos faria um intervalo de alguns séculos apenas, em que uma determinada idéia tivesse dominado num certo número de nações. Porém, quando esse intervalo — mera brecha num passado imemorial — abrange o desenvolvimento intelectual da Europa e é objeto da investigação dos europeus, adquire então uma importância desproporcionada pelo que respeita à sua duração e ao seu valor. Por maior e por mais valiosa que tenha sido e seja ainda hoje a cota parte com que a Europa contribui para aumentar o Tesouro intelectual da humanidade, nós, os europeus, estamos sempre prontos para lhe exagerar a importância, porque esquecemos que o curtíssimo período de conquistas intelectuais, feitas pelo nosso continente, não pode racionalmente ser considerado superior à colheita mental recolhida pelas raças não européias durante milhares de séculos.

Essa poderosa lente de aumentar através da qual nós vemos o nosso recente passado, exagerando-lhe de tal modo as proporções que chega a impedir a nossa visão mental de ver o passado do mundo, tal qual uma chapa colocada em frente dos olhos nos ocultaria o sol, representa um perigo contra o qual nos deveríamos precaver. A presunção intelectual não é nem para os indivíduos, nem para as nações, sinônimo de grandeza intelectual; esse sentimento que leva os ingleses a considerar todas as raças de pele escura como inferiores e a agrupar todos os seus povos sob a designação desprezível de "Negros", porque deles nada há a aprender, é um sentimento essencialmente acanhado e mesquinho. Os sábios escutam complacentemente aqueles cujos hábitos de pensamento são diferentes dos seus, porque sabem que procedendo assim pode dar-se o caso de virem a descobrir qualquer aspecto novo da Verdade, que nunca se lhes revelaria se continuassem sempre a ver o mesmo aspecto que lhes era familiar. Os costumes, as tradições, a esfera especial de vida em cujo seio se agita cada raça, são outros tantos cristais de cor com que olham para o sol da Verdade; cada cristal imprime ao raio solar o cambiante de cor que lhe é próprio, e o raio, que fundamentalmente é branco, aparece vermelho, azul ou amarelo, segundo o vidro através do qual se olha. Como não podemos desfazer-nos do nosso cristal e perceber a irradiação pura e incolor, procederemos sabiamente combinando os raios de cores para assim obter o branco.

Ora, a reencarnação é uma verdade que fez vibrar os espíritos de inúmeros milhões de criaturas da nossa raça, durante séculos, e moldou os pensamentos da grande maioria.

Perdeu-se para o pensamento europeu em épocas de obscurantismo, deixando assim de influir, com grande prejuízo para a Europa, diga-se de passagem, no desenvolvimento intelectual e moral da humanidade. Durante o século passado, essa verdade brilhou de vez em quando, como um clarão de relâmpago nos espíritos de alguns dos maiores homens do Ocidente, que viram nela uma explicação possível de alguns dos problemas mais enigmáticos da vida humana; e durante os últimos doze anos, desde que foi enunciada terminantemente como parte essencial das doutrinas esotéricas, tem sido constantemente debatida, ganhando sempre terreno entre os que mais refletem sobre os mistérios da vida e da evolução.

Não resta a menor dúvida de que as grandes religiões históricas do Oriente admitiam a doutrina da Reencarnação como um dogma fundamental. Na Índia, no Egito, era ela a base da ética. Entre os judeus, os fariseus criam nela na sua generalidade[1], e de várias passagens do *Novo Testamento* depreende-se que era uma crença popular, como por exemplo, quando João Batista é considerado como uma reencarnação de Elias, e quando os discípulos perguntam se o homem cego de nascença sofre pelo pecado de seus pais, ou por algum pecado próprio *anterior*. O *Zohar* considera igualmente as almas sujeitas à transmigração: "Todas as almas estão sujeitas à revolução (*metempsicose á leen b'gilgoolah*), mas os homens desconhecem os desígnios de Deus — e ainda bem! ignoram de que maneira foram julgados em todos os tempos, antes de virem a este mundo e depois de o deixarem"[2]. O *Kether Malkuth* tem evidentemente a mesma idéia transmitida por José, quando diz: "Se ela (a alma) é pura, obterá favor e grande será seu regozijo no último dia; mas se se corrompeu, vagueará durante algum tempo na dor e no desespero"[3]. Da mesma forma encontramos essa doutrina ensinada por eminentes Padres da Igreja: Rufino[4] declara que a crença na Reencarnação era comum entre os primitivos padres. E escusado será dizer que os filósofos gnósticos e neoplatônicos aceitavam como parte integrante da sua doutrina.

Lançando um olhar pelo hemisfério ocidental, encontramos a Reencarnação como uma crença firme-

---

[1] *Josephus, Antiq.* XVIII, I § 3Q, diz: "Os virtuosos terão o poder de ressuscitar e voltar a viver".

[2] *Zohar*, II, fol. 99, b. sq. Mencionado na *Kabbalah*, de Meyer, p. 198.

[3] Mencionado na *Kabbalah*, de Meyer, p. 198.

[4] Carta a Anastázio, mencionada por E. D. Walker, em *Reincarnation:* "A study of a forgotten Truth" (Estudo duma Verdade esquecida).

mente arraigada entre muitas tribos da América do Norte e da do Sul. Os Mayas, que apresentam uma tão interessante conexão de linguagem e simbolismo com o antigo Egito, conservam ainda hoje essa doutrina fundamental, como o demonstraram as investigações do Dr. Le Plongeon e de sua esposa. Muitas outras tribos se poderiam ainda citar, restos de nações outrora famosas, que na sua decadência conservaram as antigas crenças que as ligavam às nações mais poderosas do mundo antigo.

Não é crível que um ensinamento de uma tão grande antigüidade se apagasse para sempre do espírito humano; por isso, somos levados a crer que o eclipse se deu há muito poucos séculos, e que foi muito parcial, afetando apenas uma parte relativamente limitada da raça humana. A grande nuvem de ignorância que envolveu a Europa fez desaparecer a crença na Reencarnação, como fez desaparecer a filosofia, a metafísica e a ciência existentes. A Europa da Idade Média não oferecia terreno em que pudesse florescer qualquer opinião, qualquer idéia filosófica de grande alcance sobre o destino e natureza do homem. No Oriente, porém, o caso era outro.

No Oriente, em que brilhava uma civilização cheia de requinte, generosa e acolhedora enquanto a Europa estava mergulhada na barbaria; que tinha os seus filósofos e os seus poetas, enquanto o Ocidente vivia na ignorância; no Oriente, repetimos, a grande doutrina dominava indiscutivelmente, tanto na metafísica sutil dos brâmanes, como na nobre moral que floresce e frutifica à sombra de Buda e da Sua Boa Lei.

Mas, embora qualquer fato da natureza possa ser desconhecido durante algum tempo numa certa parte do mundo, isso não quer dizer que ele possa ser totalmente aniquilado: velado por um momento, volta a reaparecer espontaneamente, por si mesmo, à vista da humanidade. E isso o demonstra a história da doutrina da Reencarnação na Europa, apontando-nos as suas reaparições, cujo rasto se pode seguir desde a fundação do Cristianismo até aos nossos dias, e ainda a aceitação sempre crescente de que goza na atualidade.

Nos primeiros tempos da propagação do Cristianismo na Europa, o pensamento íntimo dos seus propagandistas e dirigentes estava fortemente impregnado dessa grande verdade. Foi em vão que a Igreja tentou apagá-la do espírito dos fiéis, pois conservou-se em várias seitas, voltando a surgir depois de Orígenes e Boaventura, seus advogados na Idade Média.

Grandes almas intuitivas, como Paracelso, Boehme e Swedenborg, aderiram a ela. As grandes luzes da Itália, Giordano Bruno e Campanella abraçaram-na. O que há de melhor na filosofia alemã está cheio dessa grande Verdade: Schopenhauer, Lessing, Hegel, Leibnitz, Herder e Fichte, advogam-na fervorosamente. Os sistemas antropológicos de Kant e Schelling têm com ela muitos pontos de contato. Helmont, o jovem, no livro De Revolutione Animarum, *aduz em duzentos problemas todos os argumentos que se podem apresentar em favor da volta das almas a corpos humanos, segundo as idéias judaicas.*

Entre os pensadores ingleses, os platônicos de Cambridge, defenderam-na com raro conhecimento e inteligência, principalmente Henry More; Cudworth e Hume classificaram-na "a teoria mais racional sobre a imortalidade". Em Lux Orientalis, Glaniel, consagra-lhe um estudo muito curioso. O Livro de André Pezzani sobre a Pluralidade de Vidas da Alma, demonstra a verdade do sistema, fundando-se na idéia da expiação do catolicismo romano[1].

Quem leu Schopenhauer decerto está familiarizado com o aspecto que na sua filosofia toma o problema da Reencarnação. Penetrado como estava do pensamento Oriental, pelo seu estudo dos *Upanishads,* o grande filósofo alemão não podia deixar de assentar no seu sistema esta pedra fundamental da filosofia hindu. Mas não é só Schopenhauer o único filósofo entre os intelectuais alemães, que aceitou a Reencarnação como um fator necessário na Natureza.

As opiniões de Fichte, de Herder e de Lessing têm evidentemente direito a ser consideradas opiniões de peso no mundo intelectual; e todos eles vêem na aceitação dessa doutrina a solução para muitos problemas que sem ela continuariam insolúveis. É verdade que o mundo intelectual não é um estado despótico; ninguém tem o direito de impor a sua opinião aos outros, apenas por autoridade pessoal; mas nem por isso as opiniões deixam de ser consideradas pela autoridade de quem vêm e não pelo seu número: e as mais ilus-

---

[1] E. D. Walker, *Reincarnation,* pp. 65 e 66.

tradas e poderosas inteligências do Ocidente, ainda que representando uma pequena minoria, merecem uma atenção respeitosa pelas idéias que deliberadamente sustentam, da parte de todos aqueles cujas inteligências não estejam embotadas pela tradição moderna e possam apreciar o valor dos argumentos que se apresentam em prol de uma verdade nova.

É curioso observar que a idéia da Reencarnação já não é olhada como absurda no Ocidente, pelo menos pelas pessoas ilustradas. A pouco e pouco tem tomado o caráter de uma hipótese possível, que encerra em si talvez o meio de explicar fenômenos, de outro modo aparentemente enigmáticos e incoerentes. Pelo que me diz respeito, considerando-a, como a considero, uma verdade absoluta, não me permito por isso a liberdade de a querer impor como tal; apresento-a apenas como uma hipótese provável que lança sobre os obscuros problemas da constituição do homem, do seu caráter, da sua evolução e destino, mais luz do que qualquer outra teoria.

A Reencarnação e o *Karma,* disse um Mestre, são as duas doutrinas de que o Ocidente mais precisa. Não é, pois, de estranhar que um fervoroso crente nos Mestres, julgue prestar um serviço apresentando aos leitores um esboço dessa doutrina fundamental da filosofia esotérica.

I

O SIGNIFICADO DA REENCARNAÇÃO

Que vem a ser a Reencarnação? Segundo a etimologia da palavra, pode significar o ingresso repetido num invólucro físico ou carnal. Implica desde logo a existência de qualquer coisa permanente. Mas a palavra nada nos diz acerca destes elementos permanentes e transitórios, a não ser que as habitações transitórias são de "carne".

Uma outra palavra, também freqüentemente usada como sinônimo de Reencarnação, que nos sugere o outro aspecto do problema é a palavra "metempsicose"; esta não se refere à habitação, mas sim ao trânsito do elemento psíquico, do elemento relativamente permanente.

Amalgamando as duas palavras, temos a idéia completa do elemento psíquico, ou "Alma" em "corpos" sucessivos de carne; e embora a palavra "alma" possa dar lugar a sérias objeções pelo seu sentido vago e pelas interpretações teológicas, aceitemo-la por enquanto, por representar para a maioria das pessoas uma forma de existência que sobrevive ao corpo físico ao qual estava unida durante a sua vida na terra.

No seu sentido geral e abstraindo de quaisquer ensinamentos especiais exotéricos ou esotéricos, a Reencarnação e a Metempsicose são palavras que determinam uma teoria da existência, segundo a qual uma forma de matéria visível é habitada por um princípio mais etéreo, que sobrevive ao seu invólucro físico, e que, logo a seguir à morte deste, ou após um pequeno intervalo, passa a habitar outro corpo.

Nunca talvez esta doutrina foi expressa de uma forma mais elevada e mais expressiva do que na formosa prédica do *Bhagavad Gîtâ*, com que Krishna exorta Arjuna:

Estes corpos finitos que envolvem as almas que os habitam, diz-se que pertencem àquele espírito eterno, imperecível e incognoscível que está no corpo...

Enganam-se aqueles que pensam que o espírito mata ou pode perecer; pois nem mata, nem pode ser destruído.

Dele ninguém pode dizer: foi, é, será, e continuará a ser; pois nunca nasceu, nem parará na morte.

É antigo, permanente e eterno, e não fenece quando este seu corpo mortal se destrói.

Sendo ele incorruptível, eterno, indestrutível, pode o homem pensar que pode matar ou morrer? Assim como um homem se desfaz do vestuário velho e passa a usar outro novo, assim o morador do corpo, depois de abandonar os seus invólucros mortais antigos, entra noutros novos. Não há armas que o penetrem, não há fogo que o queime, não há água que o corrompa, não há vento que o seque; pois é indivisível, incombustível, incorruptível e inalterável; ninguém o vê e ninguém o concebe![1]

A teoria da reencarnação afirma, pois, segundo a Filosofia Esotérica, a existência de um princípio vivo e individualizado que habita e vivifica o corpo do homem e que, por morte deste corpo, passa a outro após um intervalo mais ou menos longo. Deste modo as Vidas corporais sucessivas sucedem-se como pérolas num fio, sendo este fio o Princípio vivo e as pérolas, as diferentes vidas humanas.

O que se reencarna

Uma vez assente que o conceito de reencarnação implica a idéia de um elemento vivo que habita numa série continuada de corpos humanos, lembra naturalmente perguntar: O que vem a ser então esse princípio vivo e permanente que se reencarna? E como para se poder compreender bem toda esta doutrina é absolutamente

[1] Da tradução inglesa de W. C. Judge, pp. 12 e 13.

necessária a inteligência completa da resposta a esta pergunta, não será descabida uma ligeira recapitulação das circunstâncias que rodeiam o princípio vivo, ao tempo da sua primeira encarnação, e que o levam a entrar pela primeira vez numa forma humana. Sigamos, pois, os passos da evolução do homem.

Aqueles que leram o primeiro Manual, *Os Sete Princípios do Homem,* devem lembrar-se que a "Mónada" ou *Atma-Buddhi* se considera como "fonte de toda a evolução, como a força impulsiva existente na origem de todas as coisas". Os que estão familiarizados com este nome técnico poderão compreender o que ele significa para os teosofistas pensando na Vida Universal, na Raiz de tudo o que existe, que vai fazendo evoluir gradualmente, como manifestações suas, as várias formas que constituem o nosso mundo.

Não nos sendo possível deter-nos a seguir passo a passo todas as etapas da história da nossa terra nos estados anteriores da sua evolução cíclica — o que esperamos fazer num dos Manuais desta série — limitamo-nos a apanhar o fio de evolução no princípio do nosso estádio presente, quando o germe do que havia de vir a ser o homem apareceu como resultado de uma evolução prévia no nosso globo. H. P. Blavatsky, no segundo volume da *Doutrina Secreta,* expôs detalhadamente toda a evolução, que o leitor estudioso poderá consultar se quiser ficar a conhecer o assunto com todo o desenvolvimento. Aqui basta dizer que a forma física do que havia de vir a ser o homem foi-se desenvolvendo gradual e lentamente, passando por duas raças inteiras e metade de uma terceira, antes de a humanidade atingir o desenvolvimento completo, relativamente à sua natureza física ou animal.

Esta natureza, chamada animal com propriedade, porque compreende o que o homem possui de comum com o irracional, isto é, um corpo físico, o seu duplo etéreo, a sua vitalidade, paixões, apetites, e desejos, foi sendo construída durante milhões de anos por forças terrestres e cósmicas. Foi gerada, envolvida e impregnada por aquela Vida Universal, que é a "Força propulsora da Evolução"; esta Vida que em todas as idades os homens chamaram divina.

Um Comentário Oculto, citado na *Doutrina Secreta,* vol. I, falando desta fase da evolução, menciona as formas chamadas tecnicamente "duplos astrais" que evolucionaram até à sua transformação nos corpos físicos dos homens, e descreve como segue, a situação no ponto a que chegamos:

Esta Rûpa (forma) tornou-se o veículo das Mônadas (Sexto e Sétimo princípios) que tinham completado o seu ciclo de transmigração nos três Kalpas *(Rondas) precedentes. Então os duplos astrais tornaram-se homens na primeira raça humana da Ronda. Mas não estavam completos e eram inconscientes.*

Podemos dizer que são estes os dois pólos da manifestação da Vida que evoluciona: por um lado, o animal com todas as suas potencialidades no plano inferior, mas necessariamente sem espírito, sem consciência, errante, sem objeto sobre a terra, tendendo para a frente, mas inconscientemente, em virtude da força propulsora interna que o empurra; por outro lado, o Divino, essa força demasiado elevada na sua natureza pura e etérea para possuir consciência nos planos inferiores, e, portanto, incapaz de passar uma ponte sobre o abismo que a separa do cérebro animal que ela vivifica mas não pode iluminar.

Tal era o organismo que havia de converter-se em homem; uma criatura dotada de potencialidades admiráveis, um instrumento de cordas prontas para produzir harmonias. Onde estava o poder que devia produzir a manifestação dessas potencialidades? E o toque que devia despertar a melodia e fazê-la vibrar no espaço?

Quando soou a hora, a resposta veio do plano mental ou manásico. Enquanto a dupla evolução monádica e física prosseguia a sua carreira no nosso globo, uma terceira linha de evolução, cuja meta era o homem, seguia o seu curso numa esfera mais elevada. Esta linha era a da evolução Intelectual, e os sujeitos dessa evolução são os filhos da Mente (*Manasaputras*), entidades conscientes e inteligentes, como o seu nome indica. Vários são os nomes que se lhes dá; chama-se-lhes Senhores da Luz, *Dhyân-Chohans, Kumâras, Pitris Solares, Dragões de Sabedoria*, etc., etc., nomes alegóricos e poéticos que acabam por ser atraentes e familiares para os estudiosos no decurso das suas leituras, mas que lançam uma enorme perturbação na apreensão das doutrinas para o principiante que acaba por não saber se se trata de uma única entidade ou de uma dúzia.

Realmente estas entidades envolvem várias ordens. Mas o fato principal que o principiante deve fixar no espírito, é que numa determinada fase da evolução, entrarão ou encarnarão no homem certas entidades conscientes e inteligentes, já com um largo passado de evolução atrás de si, e que encontraram no homem físico o instrumento pronto e apropriado à sua evolução posterior.

A vida destes Filhos da Mente está descrita em frases cheias de poesia nas estâncias do *Livro de Dzyan:*[1]
Os Filhos da Sabedoria, os Filhos da Noite, prontos a renascer, descerão... A Terceira Raça estava pronta. "Nestas iremos habitar" disseram os Senhores da Chama... A Terceira Raça tornou-se no Vahân *(veículo) dos Senhores da Sabedoria.*

Estes Senhores da Sabedoria são, pois, os que se converteram nos Egos humanos que se reencarnam; estes Egos constituem a *Mente,* o *Espírito,* ou antes as mentes, os espíritos nos homens, o *Manas* ou quinto princípio, descrito algumas vezes como a Alma humana ou racional. Falando do Ego que se reencarna, prefiro o termo *Pensador* ao termo *Mente* ou *Espírito*, porque o primeiro sugere a idéia de uma entidade individual ao passo que os segundos sugerem uma generalidade vaga.

É interessante e significativo o fato de a palavra *man*[2], que até chegar ao inglês passou por tantos idiomas, estar relacionada com estes *Manas,* ou antes com a sua raiz *man,* pensar.

Skeat[3] menciona a palavra em inglês, sueco, dinamarquês, alemão, islandês, gótico, latim (*mas,* por *mans*), derivando-a da raiz sânscrita *man* e, portanto,

---

[1] *Doutrina Secreta,* vol. II.
[2] *Homem,* em inglês.
[3] *Dicionário Etimológico.* Vide "man".

definindo o homem com um "animal pensante". De forma que ao dizermos *man* (homem), dizemos "pensador" e retrocedemos àquele período em que os pensadores "desceram à terra", isto é, se reencarnaram no veículo físico construído para os receber, quando o animal inconsciente se converteu no ser pensante, graças ao *Manas* que nele entrou e nele ficou habitando. Foi nessa altura que o homem se revestiu do "invólucro de pele", depois da sua queda na matéria física, para poder saborear os frutos da Árvore do Conhecimento e assim se converter em "um Deus".

Este homem é o laço que liga o divino ao animal, que vimos sempre essencialmente relacionados, e ao mesmo tempo afastados de qualquer estreita comunhão. Estende uma mão para as alturas, para a Mônada divina, para o Espírito de quem descende, esforçando-se para assimilar essa natureza superior, essa essência mais pura, na aspiração de espiritualizar a inteligência, de volver o seu conhecimento em Sabedoria; e a outra mão, pousa-a sobre o animal, que é quem o há de levar à conquista dos planos inferiores, a fim de o domar e submeter ao seu próprio objeto, fazendo dele um instrumento perfeito para a manifestação da vida superior. Árdua é a tarefa que tem perante si: nada menos do que elevar o animal ao Divino, sublimar a matéria em Espírito, conduzir pelo lado ascendente do arco a vida que atravessou pelo lado descendente, e que deve agora subir levando consigo o fruto do seu longo exílio fora da sua verdadeira morada.

E por último tem que tornar a unir os aspectos separados do Uno; levar o Espírito à consciência de si mesmo em todos os planos, e levar a Matéria a ser a manifestação perfeita desse Espírito. Tal é a sublime tarefa, cujo instrumento é a reencarnação.

Este homem é, pois, o nosso verdadeiro Eu humano. Por isso incorremos num grande erro quando julgamos que o nosso corpo é o nosso eu, e exaltamos exageradamente o nosso "invólucro de pele" temporário. Seria o mesmo que se um homem se confundisse a si com o fato que traz vestido e considerasse este como duradouro, e se considerasse como mero acessório da roupa.

Assim como esta existe para nós e nós para ela, porque assim se nos tornou necessária por razões derivadas das condições de clima, de comodidade e hábito, assim também o "homem" se rodeou de um invólucro de carne em virtude das circunstâncias que o rodeiam; e sendo esse invólucro feito para seu serviço, é natural e preciso que seja ele quem o subjugue e domine. Certos índios, ao falar das necessidades corporais, nunca dizem "eu tenho fome", "eu estou cansado", mas sim "o meu corpo tem fome", "o meu corpo está cansado". E apesar da estranheza que nos causa tal forma de dizer, não há dúvida de que está mais próxima da Verdade do que aquelas de que nos servimos; identificando o corpo com o Eu. Se nós tivéssemos adquirido o hábito de nos identificarmos mentalmente, não com a habitação carnal em que vivemos, mas com o verdadeiro Eu humano, que nela habita, a vida tornar-se--ia qualquer coisa de mais elevado e de mais sereno, e poderíamos sacudir as nossas penas e sofrimentos, com a mesma facilidade com que sacudimos o pó do

25

nosso fato; e compreenderíamos que a importância das coisas que nos acontecem não deve medir-se pela dose de desgosto ou prazer que causam ao corpo, mas sim pelo progresso ou retrocesso que determinam no Homem interno.

E visto que todas as coisas formam matéria para experiências e estas são objeto de lições para todos nós, deveríamos arrancar o espinho das nossas dores morais, esquecê-las buscando em cada uma a sabedoria nela encerrada, como as pétalas num botão. Vista à luz da idéia da reencarnação, a vida muda totalmente de aspecto; transforma-se numa escola para o Homem eterno que existe em nós e que lá procura o seu desenvolvimento e aperfeiçoamento; escola do Homem que "foi, é e será, e para quem a hora nunca mais soará".

Que o principiante se penetre, pois, desta idéia: o Pensador é o Homem, o Indivíduo, o Ego que se reencarna, e que este Ego trabalha por se unir à Mônada divina, ao mesmo tempo que educa e purifica o Eu animal, a que está unido durante a Vida terrestre. Unido a esta Mônada divina, centelha da Vida Universal e dela inseparável, o Pensador torna-se no Ego Espiritual no Homem divino[1].

Fala-se algumas vezes do Pensador, como do veículo da Mônada, como se disséssemos, o seu continente etéreo, por meio do qual a Mônada pode atuar em todos os planos: daqui vem o fato de vários escritores teosofistas dizerem que a Tríade ou Trindade no homem é o

---

[1] Vide *Os Sete Princípios do Homem*. Nº 3 da "Biblioteca do Teosofista", 1º Manual da Teosofia. Livraria Clássica Editora. Lisboa.

que se reencarna. A expressão, ainda que um pouco livre, pode passar desde o momento que o estudante tenha bem presente que a Mônada é universal e não particular, e que é a nossa ignorância apenas que nos leva ao erro da separação de nós mesmos dos nossos irmãos, e de vermos diferença entre a Luz num e a Luz no outro.

Sendo a Mônada Universal e idêntica na infinita variedade dos seres, o que estritamente se reencarna é o Pensador, e mais nada; e é este Pensador, como Individualidade, que nos interessa.

Ora, neste Pensador residem todos os poderes que classificamos como pertencentes à Mente, ao Espírito. Nele estão a memória, a intuição, a vontade. Junta todas as experiências da vida terrestre por que passa, armazena estes tesouros acumulados de conhecimento, e transmuta-os, dentro de si mesmo, por meio da sua própria alquimia divina, naquela essência da experiência e do conhecimento que se chama Sabedoria. Mesmo durante o curto lapso de tempo de uma vida terrestre, podemos distinguir entre o conhecimento que adquirimos e a sabedoria, que gradualmente — infelizmente muito poucas vezes — extraímos desse conhecimento.

A Sabedoria é o fruto da experiência da obra amontoada durante milhares de anos, e, num sentido mais lato e mais completo, a Sabedoria é o fruto de muitas encarnações em que se adquiriu conhecimento, se reuniram experiências, obra colossal completada pela paciência, de modo que, no fim de tudo, o Homem divino é o glorioso produto de uma evolução de séculos imemoriais. É, portanto, no Pensador que está a nossa provisão de experiências amadurecidas em todas as vidas passadas, colhidas através de muitos renascimentos, herança de que participará fatalmente cada um de nós, logo que aprenda a erguer-se acima da escravidão dos sentidos e das tempestades e violências da vida terrestre, para a região mais pura, para o plano superior, onde reside o nosso Eu verdadeiro.

O que NÃO se reencarna

Acabamos de ver no parágrafo antecedente, que a forma exterior do homem, a sua natureza física, foi sendo construída lentamente no decurso de duas Raças e meia, até estar pronta para receber o Filho da Mente. E foi ao produto deste trabalho construtivo que chamamos a parte animal da nossa natureza, constituída[1] por quatro "princípios" distintos: 1º — o corpo; 2º — o duplo etéreo; 3º — a vitalidade; 4º — o conjunto de paixões, apetites e desejos. Este é verdadeiramente o Homem-Animal, que se diferencia dos seus similares puramente animais, graças à influência que sobre ele exerce o Pensador, que veio educá-lo e enobrecê-lo. Pondo de parte o Pensador, como no caso do idiota, temos o animal puro, apesar de ter forma humana.

Ora, o Pensador, unido ao Homem-Animal, vivifica-o, comunicando à sua natureza inferior aquelas das suas próprias capacidades que ela é capaz de manifestar; e são estas capacidades que atuam no cérebro que

---

[1] Vide *Os Sete Princípios do Homem*, N.º 3 da "Biblioteca do Teosofista", 1.º Manual da Teosofia. Livraria Clássica Editora. Lisboa.

nós reconhecemos como mente cerebral ou mente inferior.

No Ocidente, considera-se o desenvolvimento desta mente cerebral ou "cérebro-espírito", como sinal da diferença que, falando de uma maneira geral, existe entre o animal (irracional) e o ser humano. O que o teosofista considera simplesmente como espírito inferior, ou animal, é considerado pela generalidade dos ocidentais como se fosse o próprio espírito; daí resulta uma grande confusão sempre que o assunto é debatido entre teósofos e não-teósofos.

O Pensador, no seu esforço para atingir e influenciar o Homem-Animal, emite um Raio que faz vibrar o cérebro; esta vibração, ou poder, manifesta-se tanto quanto o permitem a configuração e as outras propriedades do cérebro, isto é, dá lugar à manifestação de um certo número de poderes mentais. Este Raio põe em vibração as moléculas das células nervosas, como um raio de luz faz estremecer as moléculas das células nervosas da retina, dando assim lugar à consciência no plano físico, isto é, à noção da existência nesse plano.

A razão, a memória, o discernimento, o raciocínio, a vontade, a imaginação — faculdades que nos são conhecidas ao manifestarem-se quando o cérebro está em plena atividade — todas elas são a exteriorização do Raio enviado pelo Pensador e modificado pelas condições materiais através das quais ele se transmite.

Estas condições compreendem as células nervosas sãs, o desenvolvimento devidamente equilibrado dos grupos respectivos das células nervosas, uma provisão completa de sangue contendo matéria nutritiva que possa ser assimilável pelas células para reparar as perdas e que leve oxigênio facilmente libertável dos seus veículos. Se algumas destas condições não existissem, o cérebro não poderia funcionar e o processo do pensamento não seria mais regular e não sentiria mais efeito do que a execução de uma melodia num órgão que tivesse o fole roto. O cérebro só por si não produz o pensamento, assim como um órgão só por si não produz a melodia; tanto num caso como noutro há alguém que faz funcionar o instrumento; contudo, o poder de manifestação do executante é limitado pelas qualidades do instrumento.

É absolutamente necessário e imprescindível que o estudante veja e compreenda claramente a diferença entre o Pensador e o Homem-Animal, cujo cérebro é, por assim dizer, o instrumento de que o primeiro é o executante; a mais pequena confusão entre os dois tornaria incompreensível a doutrina da Reencarnação. Porque o que se reencarna é o Pensador e *nunca* o Homem-Animal.

Eis aqui a verdadeira dificuldade, que tantas outras arrasta consigo. O Homem-Animal nasce, e o Homem Verdadeiro enrosca-se nele; o Homem Verdadeiro funciona por intermédio do Homem-Animal, encarnação após encarnação, permanecendo sempre uno. Vive sucessivamente em vários homens-animais, em — digamos — Sashital Dev, Caius Glabrio, Johanna Wirther, William Johnson. Em cada um recolhe as suas experiências, por meio de cada um adquire conhecimentos e de cada um recolhe os materiais que ele lhe proporciona, e tece-os dentro do seu próprio Ser eterno. O Homem-Animal ganha a imortalidade unindo-se ao seu Verdadeiro Eu.

Não é Sashital Dev que se reencarna em Caius Glabrio e depois em Johanna Wirther, para vir a florescer como William Johnson no século XIX na Inglaterra; é o mesmo Filho da Mente, que sucessivamente habita em cada uma destas personalidades, recolhendo, de cada uma destas moradas, novas experiências e novos conhecimentos. Só este Ego que se reencarna é que pode olhar para trás abrangendo a extensa linha dos seus renascimentos, recordando cada vida terrestre, a história de cada peregrinação, desde o berço ao túmulo, desenrolando o drama inteiro, ato por ato, século por século.

Retomando os meus atores imaginários: William Johnson no século XIX não pode ver nem recordar os *seus* renascimentos, porque *ele* nunca nasceu antes, nem os olhos *dele* viram qualquer outra luz antes. Mas o caráter inato de William Johnson, o caráter com que veio ao mundo, é o mesmo caráter que foi trabalhado e forjado por Johanna Wirther, na Alemanha, por Caius Glabrio, em Roma, por Sashital Dev, no Industão, e por tantos outros precedentes terrestres em países diferentes e sob as mais variadas civilizações. Com a sua vida quotidiana vai dando novos toques ao trabalho realizado em idades passadas, de forma que este vem a sair-lhe das mãos diferente do que era, mais abjeto ou mais nobre, para passar às do seu herdeiro e sucessor no tablado da vida, que deste modo virá a ser a continuação de si próprio, em realidade o mesmo, por mais ilusórias que sejam as aparências exteriores.

É por isso que a pergunta, que tantas vezes acode ao espírito e não poucas vezes se faz: "porque não me lembro eu das minhas vidas passadas?" é baseada numa idéia errônea, numa compreensão errada da teoria da reencarnação. O que se lembra é o "Eu", o verdadeiro "Eu"; mas o Homem-Animal, que não se encontra ainda em completa união com o seu "Eu" verdadeiro, não pode ter reminiscências de um passado em que pessoalmente não viveu. A memória cerebral só pode encerrar o registro dos acontecimentos em que o cérebro tomou parte, e o cérebro do atual William Johnson não é o de Johanna Wirther, nem o de Caius Glabrio, nem o de Sashital Dev. William Johnson não pode ter memória das vidas passadas encadeadas à sua, senão quando o seu cérebro possa vibrar em resposta às sutis e delicadas vibrações transmitidas por aquele raio, que é a ponte entre o seu Eu pessoal, transitório, e o seu Eu eterno.

Para isto tem de estar intimamente ligado àquele Eu verdadeiro, e tem de viver na consciência de que *ele* não é William Johnson, mas sim o Filho do Espírito, e que William Johnson não é mais do que a morada temporária onde *ele* vive para os seus próprios desígnios. Em lugar de viver com a simples consciência cerebral, deve viver com a consciência superior; em lugar de considerar o seu Eu verdadeiro como qualquer coisa que está fora dele e é diferente dele, e de confundir o William Johnson transitório com o "Eu", deve identificar-se com o Pensador e considerar esse personagem como um órgão exterior, necessário ao seu trabalho no plano material, à sua educação e treino até ao grau superior de eficácia, incluindo no fim a atingir que o cérebro de William Johnson possa responder com presteza aos impulsos do seu verdadeiro senhor.

À medida que este dificultoso trabalho se vai fazendo, o homem de carne acessível às influências dos planos superiores vai evolucionando gradualmente; e à medida que o verdadeiro Eu aumenta o seu poder de ação sobre a habitação corporal, passarão pela consciência inferior como relâmpagos, vislumbres das encarnações anteriores, relâmpagos que se vão convertendo em visões permanentes, até que por fim se reconhece o passado como "próprio" por meio do fio ininterrupto da memória que dá o sentimento da individualidade.

Nessa altura, a encarnação presente torna o seu verdadeiro aspecto do último hábito de que o Eu se revestiu, e que de modo nenhum está identificado com ele, precisamente como um homem que veste um fato, não o considera parte integrante de si mesmo. Um homem não considera o vestuário como parte integrante de si mesmo, porque pode despi-lo quando quiser e pô-lo de parte, longe de si. Quando o Homem Verdadeiro, conscientemente neste plano, faz o mesmo do seu corpo material, então a certeza é completa.

Portanto, o hábito, "a túnica de pele", o duplo etéreo, a vitalidade, a natureza passional, não se reencarna; os seus elementos, pelo contrário, desagregam-se, e voltam a unir-se aos mundos inferiores a que pertencem. Tudo o que em William Johnson era mais elevado passa com o Ego para um período de feliz repouso, até que se esgote o impulso que o fez sair da Vida terrestre e ele volte a cair sobre a terra.

Pode o humano voltar a ser animal?

A pergunta, tão freqüentemente ouvida, "Se uma

Mônada, depois de encarnada no homem, pode passar, em seguida à morte deste, para um animal", tem implicitamente a sua resposta no penúltimo tema tratado. Segundo a Filosofia Esotérica, é a seguinte a diferença entre o homem e o animal: no ser humano habita um Filho da Mente, ao passo que no animal não existe tal habitante. Durante milhares de séculos foram-se construindo os tabernáculos, até estarem em condições de servir de moradas aos Filhos da Mente, ou usando de outra comparação, até estarem em condições de lhes servir de instrumentos de manifestação no mundo físico.

Os animais não estão ainda devidamente evolucionados para servirem de tais instrumentos; evolucionam ainda para o tipo humano; num ciclo de evolução futura, as Mônadas (falando livremente), que neste momento existem neles, guiando-lhes a evolução, hão de passar a formas humanas; mas, na atualidade, o animal não está pronto para receber a entidade gerada pela Mente, o Pensador, que nós consideramos o princípio essencialmente *Humano*. Sendo este Pensador o Ego que se reencarna, não vai deixar a sua morada humana ao abandono para ir morar no corpo de um animal, onde não poderia achar guarida, por lá não haver condições de *habitat* para ele.

Assim como teve de esperar que as raças evolucionassem até chegarem à forma humana aperfeiçoada, antes de se encarnar pela primeira vez, porque as formas inferiores "não estavam prontas", assim também no último período da história do homem não pode encarnar senão em formas humanas, visto que são estas unicamente que apresentam as condições exigidas, para o desempenho do seu papel. É este fato que torna impossível a evolução retrógrada que faz parte de algumas religiões exotéricas; um homem pode chegar ao nível mais baixo da degradação, pode ser moralmente pior que o pior animal, mas não pode fazer girar a roda do tempo, e muito menos em sentido contrário.

Não pode voltar a ser animal, da mesma forma que não pode recolher-se ao ventre materno; a Natureza abre-nos de par em par portas por onde podemos passar livremente, mas sempre na nossa frente: as que deixamos atrás, fecham-se irremediavelmente, como se fossem munidas de uma dessas fechaduras de mola, perdida a chave das quais não há meio de obter outra que lhes sirva.

Esta idéia errônea de que o Ego humano pode habitar no corpo de um animal está muito espalhada no Oriente. As *Regras de Manu* chegam até a fixar com singular particularidade o destino dos pecadores, segundo a natureza dos seus delitos:

"Pela difamação (do seu Guru), converte-se em burro; o que o censura, converte-se em cão; o que se apodera dos seus bens, converte-se em verme, e se é invejoso, transforma-se em inseto"[1].

"O assassino de um brâmane encarna-se nos vermes dos cães, das serpentes, dos burros, camelos, galinhas, cabras, carneiros, e assim sucessivamente"[2].

"Aquele que rouba grão, dinheiro, água, mel, leite, manteiga, converte-se em mosca, em flamengo, numa

---

[1] *Regras de Manu*, Burnell e Hopkins.
[2] *Regras de Manu*.

ave aquática, num tavão, num corvo, num cão ou num icneumônio"[1].

Grande número de outros preceitos fixam as encarnações em animais, conforme os pecados, sendo o princípio geral que preside às encarnações o seguinte: "criaturas possuídas pela essência divina alcançam a divindade; as possuídas pelas paixões, o estado humano; e as possuídas pela obscuridade, o estado animal". O que quer dizer, como decerto os nossos leitores versados nas literaturas orientais imediatamente compreenderam, que cada uma das "três qualidades", tem a sua encarnação própria: *Sattva*, nos deuses; *Rajas*, nos homens; *Tamas*, nos animais[2].

Os hindus, na sua generalidade, tomam todas estas sentenças ao pé da letra; mas há quem sustente que este sentido literal é moderno e que, primitivamente, eram aceitos apenas como alegorias, à semelhança do que nós fazemos, quando metaforicamente chamamos a um homem, tigre ou raposa.

E. D. Walker cita um comentário de Hiérocles, da vida de Pitágoras de Dacier, sobre os *Versos Áureos* de Pitágoras, que sustenta o seguinte ponto de vista:

"Se por causa de uma vergonhosa ignorância da imortalidade da nossa alma, um homem se convencesse de que a alma morre com o corpo, convencia-se de uma

---

[1] *Idem*

[2] As três *Gunas*, ou qualidades fundamentais da substância: *Sattva*, a mais elevada: harmonia, luz ou verdade; *Rajas*, ação, ambição, orgulho, paixão; *Tamas*, indiferença, ignorância, em oposição a *Sattva*, a luz. Todas estas traduções, embora sejam as mais aproximadas, estão, no entanto, ainda longe do verdadeiro significado das três expressões. (N.T.)

coisa que nunca pode suceder; da mesma forma aquele que julgue que depois de morto se revestirá do corpo de um animal, apenas como conseqüência dos seus vícios, ou que se tornará em planta, como conseqüência da sua torpeza ou estupidez, um homem semelhante, repito, que pensa de uma maneira completamente contrária à daqueles que julgam que a essência do homem se transforma na dos seres superiores, engana-se grosseiramente e mostra ser absolutamente ignorante da forma especial da alma, a qual nunca pode mudar, porque sendo e continuando a ser sempre homem, dela se diz que se torna em Deus ou em animal, por virtude ou por vício, apesar de não poder ser nem um nem outro".

Como Walker demonstra, a crença em que a "alma" do homem passa aos animais inferiores, deu em resultado o desenvolvimento da piedade para com os animais, num grau mais elevado do que se vira nas nações de religião cristã. Na Índia do Sul e em Ceilão, os budistas tinham hospitais para animais doentes, precisamente como para homens e mulheres, muito antes da era cristã, ao passo que nos países cristãos essa instituição é, na sua raridade, relativamente recente. Mas seja qual for o efeito desta crença nesta forma de transmigração sob o aspecto da ética, o fato é que é uma crença assente numa noção falsa e sem cabimento na Filosofia Esotérica. O Pensador não pode entrar na forma do animal; a reencarnação individual é o passo do Pensador de um a outro corpo; portanto, a Reencarnação, segundo as doutrinas esotéricas, é apenas restrita ao homem.

II

O MÉTODO DA REENCARNAÇÃO

Tendo compreendido bem o que é o Ego que se reencarna, e senhor da diferença entre ele e o Homem-Animal transitório, o estudante está em condições de fazer uma idéia clara do método da Reencarnação. Este método pode apreciar-se melhor considerando o plano a que pertence o Pensador e a Força com que ele atua. O Pensador é o que se chama o Quinto Princípio do Homem; e este quinto princípio no microcosmo — no homem — corresponde ao Quinto Plano do macrocosmo¹ — o Universo, fora do homem. Estes planos são diferenciações da Substância primária, segundo a Filosofia Esotérica, e a consciência funciona em cada um desses planos por meio das condições, sejam quais forem, nela existentes. *Substância* é uma palavra usada para exprimir a Existência na sua forma objetiva mais

39

primitiva, a manifestação primária do aspecto periódico do Uno, a primeira película do Cosmo futuro, no princípio nebuloso de todas as coisas manifestadas. Esta substância contém em si a potencialidade de tudo o que existe, desde o Espírito mais etéreo, até a matéria mais densa.

Assim como Sir W. Crookes parte da existência de um protilo, ou substância primeira, do qual se formam todos os átomos, destes as moléculas, das moléculas os corpos compostos, e assim por diante, numa complexidade sempre crescente, assim também a Filosofia Esotérica parte de uma Substância primeira, da qual se formou o Cosmo, que no estado de maior rarefação é Espírito, Energia, Força, e no estado de maior densidade é Matéria sólida, sendo todas as formas de todos os mundos feitas dessa Substância, agregada em massas mais ou menos densas, e dotada de mais ou menos Força.

Um "plano" quer apenas dizer um estádio de existência, em que este Espírito-Matéria varia dentro de certos limites e atua sob certas "leis". Assim, o "plano físico" quer dizer o mundo em que nos servimos da visão, da audição, do olfato, do gosto e do tato, em que entramos em contato com o Espírito-Matéria — a ciência chama-lhe Força e Matéria, como se fossem separáveis — por meio desses sentidos, quer esse Espírito-Matéria se apresente no estado líquido, sólido, ou gasoso, etc. E o mesmo se diria dos outros planos, distinguindo-os nós pelas características do respectivo Espírito-Matéria, através do qual a consciência se mostra em cada um dos planos.

Resta acrescentar a este tosco e resumidíssimo esboço, que os planos não estão, como já se disse, dispostos à maneira das camadas de uma cebola, mas à semelhança do ar e do *éter* nos nossos corpos; interpenetram-se mutuamente. Estes planos, segundo a Filosofia Esotérica, são em número de sete. E a cada um deles corresponde um Princípio[1]. Ora, ao Quinto Princípio do Homem, o Pensador (algumas vezes chamado o terceiro princípio, se se parte do Atma, como primeiro) corresponde ao Quinto Plano do Cosmo, o de *Mahat,* a Mente Universal, Ideação Divina, da qual procede diretamente a força, que molda, que guia e que dirige, que é a essência de todas as diferenciações a que nós no plano físico chamamos forças.

Todo o mundo das formas, sejam elas sutis ou densas, provém e desenvolve-se à custa desta Força da Mente Universal, que agrega e desagrega os átomos, integra estes dando-lhes forma, desintegra-os de novo, eleva e derruba, constrói e destrói, atrai e repele. Uma Força única para o filósofo, muitas forças para o homem de ciência, mas, no fundo, una na sua essência, múltipla nas

---

[1] O seguinte diagrama pode aclarar este ponto:

7	... Espírito Puro .... *Atma*.............	1
6	... Alma Espiritual. ...... *Buddhi*...........	2
5	... Pensador. .... *Manas*	3
4	... Natureza emocional .... *Kâma*	4
3	... Vitalidade . ... *Prana*............	5
2	... Duplo Etéreo .... *Linga Sharira*	6
1	... Corpo Físico .... *Sthula Sharira*........	7

Vide — Primeiro Manual da Teosofia: *Os Sete Princípios do Homem* — Edição da Livraria Clássica Editora.

suas manifestações. Assim, do quinto plano vêm todas as criações de formas, empregando a palavra criar no sentido de moldar material preexistente, dando-lhe novas formas. Este Pensamento-Força é, na Filosofia Esotérica, a única fonte de todas as formas. H. P. Blavatsky define-o:

"O misterioso poder do Pensamento, capaz de produzir resultados fenomenais externos e perceptíveis, servindo-se apenas da energia, que lhe é própria e inerente."

O mesmo que acontece no quinto plano do Cosmo, sucede no quinto plano do homem. No Pensador existe a Força criadora de todas as coisas, e é neste poder criador do pensamento que vamos achar o segredo do método da Reencarnação.

Os que desejarem convencer-se de que o pensamento constrói imagens, constrói "formas-pensamentos", de modo a poder afirmar-se com verdade que "os pensamentos são coisas reais", podem achar as provas que procuram nos relatos, hoje tão espalhados, das chamadas experiências de hipnotismo. A forma de pensamento de uma idéia pode ser projetada sobre um papel e tornar-se visível para a pessoa hipnotizada, ou então, pode tornar-se tão objetiva, que o hipnotizado possa vê-la e senti-la, como se efetivamente fosse um objeto físico. Igualmente, um *médium* pode ver como "espírito", um pensamento de um ser humano, por este pensamento estar na mente de um dos circunstantes, gravado como uma imagem na sua aura, ou atmosfera magnética que o envolve.

Da mesma forma pode um clarividente, quer esteja em estado de sonambulismo ou desperto, reconhecer e descrever uma imagem formada intencionalmente por uma pessoa presente, sem que se pronuncie uma palavra, apenas pela força da vontade que esboça com clareza essa imagem no pensamento. Todas as pessoas que possuem uma vista muito "penetrante" são até certo ponto clarividentes e podem provar a si mesmas, sem qualquer auxílio, esse poder de dar forma à matéria sutil por meio da vontade.

A matéria astral menos sutil pode também ser moldada por este modo, como H. P. Blavatsky moldava, na herdade de Eddy, a imagem astral projetada do *médium* nas das pessoas conhecidas dela e desconhecidas dos restantes circunstantes. E nada disto nos deve causar estranheza, se recordamos até que ponto a maneira de pensar pode moldar a própria matéria densa de que se compõe o nosso corpo físico, fazendo que o caráter das pessoas de idade se lhes impregne no rosto, consistindo a sua formosura não na forma nem na cor, mas na expressão — expressão que é a máscara moldada no Eu interno. Qualquer forma habitual de pensamento, vício ou virtude, imprime-se nas feições físicas, e não é preciso termos olhos de clarividente, que esquadrinhem a aura para dizer se uma atitutude mental de uma pessoa é generosa ou avara, confiada ou desconfiada, dominada pelo amor ou pelo ódio. É um fato vulgaríssimo, que nada nos surpreende, e contudo é imensamente significativo: realmente, se a matéria densa do corpo é por esta forma modelada pelo pensamento, "que há de incrível ou mesmo de surpreendente, no fato de as formas mais sutis da matéria serem igualmente plásticas e tomarem submissamente os contornos que as hábeis mãos do Artista imortal, do Homem pensador, lhes queiram imprimir?"

O ponto de vista que adotamos é, pois, o de que o *Manas,* na sua natureza inerente, é uma energia produtora de formas, e que é a seguinte a sucessão dos acontecimentos na manifestação de um objeto externo: O *Manas* produz um pensamento, e este toma forma no plano manásico ou na Mente; passa em seguida ao *Kama-manásico,* onde adquire uma certa densidade; vai depois para o astral, onde, muito mais materializado, se torna visível aos olhos do clarividente; se a partir daí for dirigido conscientemente por uma vontade treinada, pode passar imediatamente ao plano físico, e aí revestir-se de matéria física, convertendo-se assim num objeto visível para os olhos vulgares; mas geralmente conserva-se no plano astral, como um molde que vem a tomar forma na vida objetiva, quando as circunstâncias forem tais que o atraiam para ela. Um Mestre, falando das capacidades de um Adepto, diz que este pode:

Projetar e materializar no mundo visível as formas que a sua imaginação construiu com a matéria cósmica inerte do mundo invisível. O Adepto nada cria de novo; não faz mais que utilizar e manipular os materiais que a Natureza tem em depósito em volta dele e o material que, através das eternidades, tem passado por todas as formas... Basta-lhe escolher a que deseja e chamá-la à existência objetiva[1].

Para que o leitor compreenda como o invisível se pode converter em visível, apontarei alguns fatos muito conhecidos no plano físico.

Já me referi a uma forma que se condensa gradualmente ao passar do plano *manásico* para o *Kama-manásico,* e deste último para o astral e depois para o físico. Suponhamos um recipiente de vidro, aparentemente vazio, mas realmente cheio de hidrogênio e oxigênio, dois gases invisíveis, e fizermos passar uma corrente elétrica no seio da mistrura, os dois gases combinar-se-ão, formando água, ainda que no estado gasoso; se resfriarmos o recipiente, começamos a ver uma neblina vaporosa, depois pequenas gotas de água, e continuando o abaixamento de temperatura, a água vai congelando, e torna-se-nos visível uma película de gelo cristalizado. Da mesma forma, quando a chispa, faísca manásica, passa, combina a matéria sutil numa forma-pensamento; esta condensa-se numa forma *Kama-manásica,* análoga à vaporosa; em seguida toma a forma astral, análoga à água, e depois a física, cujo símile pode ser o gelo. O estudante de Filosofia Esotérica sabe que na evolução da Natureza tudo se dá por uma certa ordem, e está habituado a ver nos estados inferiores da matéria, tal como acontece no mundo físico, a analogia com os estados inferiores dessa mesma matéria nos diferentes planos dos mundos "invisíveis". Porém, para os que não são teosofistas, o exemplo apontado serve apenas para apre-

---

[1] Correspondência trocada entre o *Mahatma* Koot Hoomi e *Mr.* Sinnett, autor de *O Mundo Oculto,* nº VI, da Coleção Teosófica e Esotérica, edição portuguesa da Livraria Clássica Editora, Lisboa.

sentar uma imagem física concreta do processo de condensação, que vem demonstrar como o invisível se converte no visível.

E, afinal, este processo de condensação de matéria sutil noutra mais grosseira constitui um dos fatos mais vulgares e banais dentro da nossa experiência. O mundo vegetal cresce, absorvendo gases da atmosfera e transformando os seus componentes em sólidos e líquidos. A atividade da força vital demonstra-se com esta transmutação constante das formas visíveis ou invisíveis; e, seja ou não, como o esboçamos, o processo do pensamento mencionado, nada há, contudo, nele, de naturalmente impossível nem sequer de extraordinário.

A sua veracidade é uma questão de evidência, e neste caso a evidência, o testemunho daqueles que podem ver as formas-pensamentos nos diferentes planos, é evidentemente mais valiosa do que o testemunho dos que nada podem ver. A palavra de uma centena de cegos negando a existência de um certo objeto é decerto de menos peso do que a palavra de um só homem que vê e afirma vê-lo. Sobre este assunto, a Teosofia deixa-se conservar na expectativa, sabendo que o negativismo sistemático não altera os fatos, e que o mundo não tem remédio senão ir-se convencendo a pouco e pouco da existência das formas-pensamentos, como se foi convencendo — não sem uma crise análoga de troça e de ironia — da existência dos fatos asseverados por Mesmer nos fins do século passado.

Continuando, viu-se, pois, que os fenômenos têm o seu início no plano *manásico* ou no *Kama-manásico* como idéias, ou como pensamentos de paixão, de emoção, etc.; tomam depois forma astral, e por último, aparecem objetivados no plano físico, como fatos ou sucessos, de forma que estes são o produto, ou antes, são o efeito de causas mentais preexistentes.

Ora, o corpo, segundo a Filosofia Esotérica, é um efeito semelhante, moldado no corpo astral, ou *Linga Sharira*, ou duplo etéreo, termos familiares aos meus leitores. É preciso apreender bem a idéia de um corpo de matéria astral ou etérea que serve de molde onde se pode formar matéria mais densa, e, para se compreender bem o método da Reencarnação, é indispensável que, pelo menos por enquanto, se aceite esta concepção do corpo físico, como o resultado da formação de moléculas densas no molde etérico preexistente.

Voltemos agora à idéia do Pensador, que cria formas, trabalhando, decerto, por intermédio do *Manas* inferior ou *Kâma-Manas*, no que diz respeito à grande maioria dos homens, visto que por enquanto ainda não se encontram vestígios de atividade *manásica* pura. Na nossa vida diária estamos constantemente pensando e, portanto, criando formas-pensamentos:

O homem está continuamente povoando a sua corrente que o cerca no espaço com um mundo seu, próprio, cheio dos produtos da sua imaginação, dos seus desejos, impulsos e paixões[1].

As considerações a propósito do efeito desta atividade mental nos outros, tratar-se-á no Manual *Karma*. Estas formas-pensamentos permanecem na sua aura ou atmosfera magnética; e à medida que o tempo decor-

---

[1] *O Mundo Oculto.*

re, o seu número vai aumentando e atuando sobre ele com força sempre crescente; a repetição do mesmo pensamento, ou de pensamentos do mesmo tipo, aumenta a intensidade destes dia a dia, graças à energia acumulada, até que certas classes de formas-pensamentos chegam a dominar-lhe de tal forma a vida mental, que o homem passa a responder mais a esses pensamentos do que a qualquer decisão ou maneira de ver nova, e, assim nasce aquilo a que chamamos um hábito, que não é senão o reflexo exterior desta força acumulada. É deste modo que se forma o "Caráter", e não nos é difícil, conhecendo bem uma criatura qualquer de caráter acentuado, dizer com bastante exatidão o que ela faria em certas e determinadas circunstâncias.

Chegada a hora da morte, os corpos mais sutis abandonam o corpo físico; o *Linga Sharira* desprende-se gradualmente à medida que o invólucro físico se decompõe. O corpo de pensamento, que resulta da última vida, persiste durante um tempo considerável e passa por vários processos de maturação de experiências, assimilação de pensamentos muito diferenciados, etc., até que, transmitindo os resultados dessas experiências ao corpo causal, desintegra-se por sua vez. Aproximando-se o período da Reencarnação, o corpo causal ou Ego que se reencarna, constrói um novo corpo mental e um novo corpo astral, enquanto os Senhores do *Karma* lhe fornecem um molde, segundo a expressão do *Karma* que há de cumprir-se, molde segundo o qual se constrói finalmente o duplo etéreo ou corpo astral. Visto que o cérebro, paralelamente com o corpo físico, se forma sob este molde astral, este cérebro é, pela sua estrutura, a expressão física embora imperfeita das qualidades e hábitos mentais do ser humano em via de encarnar-se, o veículo físico apropriado para o exercício das faculdades que a sua experiência lhe permite então manifestar no plano físico.

Tomemos para exemplo o caso da prática de um tipo de pensamento vicioso e de um tipo de pensamento virtuoso, isto é, o caso de um caráter egoísta e de outro desinteressado. O primeiro produzirá constantemente formas-pensamentos egoístas, desejos, esperanças, e planos no seu próprio e único interesse e essas formas, acumulando-se em volta dele como um enxame, voltam a reagir, levando o indivíduo a tornar-se pouco escrupuloso em tudo que lhe dê proveito, sem consideração pelo direito do seu semelhante e sem outra preocupação que os seus interesses e objetos. Morre quando o seu caráter se petrificou no tipo egoísta.

Este persiste, e, no seu devido tempo, toma forma astral, como molde para o próximo corpo físico. Atraído então para o seio de uma família de tipo semelhante, para progenitores que fisicamente podem proporcionar os materiais que tenham impressas qualidades características parecidas, o corpo físico contrai-se neste molde astral, tomando o cérebro a forma fisicamente adequada à manifestação das tendências animais para a auto-satisfação, com uma falta correspondente da base física para a manifestação das virtudes sociais. No caso extremo da persistência sem escrúpulos de uma tendência para o egoísmo, durante uma encarnação, teríamos na seguinte a causa da formação "do cérebro, tipo criminoso", e a criança viria ao mundo com esse instrumento de péssima qualidade, ao qual o imortal Pensador nunca conseguiria, por maiores que fossem os seus esforços, arrancar uma nota de uma melodia, cheia de pureza e ternura.

Toda a vida encarnada nesta personalidade por meio do raio do *Manas,* estará obscurecida, quebrada, lutando em vão no seio de densas nuvens *kâmicas.* Algumas vezes, apesar de todas as circunstâncias adversas, a qualidade gloriosa e radiante iluminará e transformará, até certo ponto, o seu veículo físico, e à força de angústias e de esforços, consegue uma vez por outra vencer e espezinhar a natureza inferior; e assim, embora lentamente, poder-se-á dar um outro passo doloroso na senda do progresso. Mas durante esta vida, o passado dominará o presente, e a taça que se encheu em dias esquecidos tem de ser esvaziada até à última gota pelos lábios trêmulos e angustiados.

No segundo caso, que supusemos, temos a pessoa que continuamente produz formas-pensamentos anti-egoístas, planos e esperanças ardentes e ansiosas pelo bem dos seus semelhantes. Reunidas em volta dela, reagem, levando-a a tornar-se num ente habitualmente impessoal, antepondo por hábito o bem dos outros às suas conveniências e ao seu bem; e quando morre, o seu caráter não tem o mais pequeno cunho egoísta.

Ao voltar à vida terrestre, a forma astral, que representa as qualidades características que possuía anteriormente, é levada para uma família em condições de lhe proporcionar materiais de uma natureza pura, e habituada a responder aos impulsos do Homem superior. Moldados esses materiais sobre o molde astral, dão um cérebro fisicamente adaptado à manifestação das tendências da abnegação e do sacrifício próprio, com a correspondente falta de bases físicas para a manifestação dos instintos animais.

E, contrariamente ao caso do egoísta, no caso extremo da persistência dos hábitos do sacrifício de si mesmo numa encarnação, teríamos na seguinte o cérebro tipo da benevolência e da filantropia; a criança vem ao mundo com um instrumento de qualidades maravilhosas, que vibra ao mais pequeno toque do Pensador imortal, irrompendo em melodias divinas de amor e de abnegação, maravilhando o mundo com a glória de uma vida humana, com resultados que mais parecem a manifestação da natureza, pura e simples, do que o coroamento de esforços deliberadamente conduzidos para esse glorioso fim. Mas essas naturezas magníficas que se desfazem em bênçãos e são fontes inesgotáveis de bem, são o símbolo externo de grandes lutas corajosamente sustentadas, lutas de um passado, que o presente desconhece, mas com que o Conquistador interno está familiarizado, e com que se familiarizará também, num futuro mais ou menos remoto a personalidade que ele vivifica.

Assim, passo a passo, se realiza a evolução do homem, formando-se o caráter, personalidade após personalidade, registrando-se rigorosamente os ganhos e perdas nas formas astrais e mentais, que, por sua vez, dirigem as manifestações físicas seguintes. Deste modo, cada virtude é o sinal e o símbolo externo de um passo dado para a frente, de repetidas vitórias ganhas sobre a natureza inferior; a "qualidade inata", isto é, os característicos mentais ou morais com que a criança nasce, é a prova irrefutável de lutas passadas, de triunfos passados, ou de passadas derrotas.

Não há dúvida de que esta doutrina é bastante desagradável para os covardes e para os corrompidos moral ou intelectualmente; mas não há outra mais consoladora e mais animadora para os que não precisam fazer-se tributários de nenhuma caridade, humana ou divina, e se contentam em ganhar à força de paciência e de trabalho, tudo aquilo a que querem chamar seu.

Esta verdade foi exposta com elevação e nobreza por Edwar Carpenter, em *Towards Democracy* (A caminho da Democracia) no *Segredo do Tempo e de Satanás:*

A arte da criação tem de ser aprendida, como qualquer outra arte.

Lenta, lentamente durante muito tempo constróes tu o teu corpo.

E o poder que agora tens (tal como é) para construir o teu corpo presente, adquiriste-o tu, no passado, em outros corpos.

Da mesma forma usarás novamente no futuro o poder que agora adquiras.

Mas este poder de cada um construir o seu corpo, envolve todos os poderes.

. . . .

Tem cuidado como procuras isto e aquilo para ti próprio. Eu não te digo que não procures; mas tem cuidado como procuras.

Pois, um soldado que entra em campanha não procura senão apetrechos novos que pode levar às costas e dos quais se pode aliviar.

Pois, sabe que qualquer coisa a mais que não possa usar e manejar com liberdade lhe servirá de estorvo.

Da mesma forma, se buscas fama ou comodidade, ou prazer, ou seja o que for só para ti, a imagem disso que buscas, agarrar-se-á a ti, e terás de carregar com ela.

E as imagens, e as forças que desse modo evocares, rodear-te-ão, formando-te um novo corpo, que exigirá sustento e satisfação.

E se agora já, não puderes descartar-te dele, tens de o levar contigo.

Cuidado, pois; que ele não se transforme no teu túmulo, na tua prisão, em vez de ser a tua mansão alada e um palácio de alegrias.

Não vês que só com a Morte é que podes vencer a Morte?

Visto que, feito escravo das coisas dos sentidos, te revestiste de um corpo que não podes dominar; e serias condenado a um túmulo vivo se este corpo não fosse destruído. Porém, agora por meio da dor e do sofrimento, terás que sair desse túmulo; e por meio das experiências que adquiriste, construirás para ti um corpo novo e melhor.

E assim sucessivamente, muitas vezes, até que abras as asas e tenhas todos os poderes dos anjos e dos demônios concentrados na tua carne.

....

E os corpos que tomei submetiam-se-lhe, e eram como cintos de chamas em volta de mim, porém eu arrojei-os para longe.

E as dores que sofri num dos corpos, transformavam-se em poderes que eu manejava no próximo.

Grandes verdades, grandiosamente ditas. E um dia chegará em que os homens hão de crer nelas no Ocidente, como nelas crêem e sempre creram no Oriente. Durante milhares de gerações, vai o Pensador trabalhando pacientemente na sua missão de elevar o Homem-Animal, até que este esteja em condições de ser uno com o divino. De uma vida pouco poderá ele talvez tirar, talvez apenas um simples fragmento, para a sua obra; mas o último modelo astral é de um tipo já menos animal, do que era o homem a que ele pertencia, quando veio ao mundo na vida anterior. Segundo este modelo, ligeiramente aperfeiçoado, se moldará o homem futuro, e deste, depois da morte, se obterá um novo modelo-astral — que por sua vez, será menos animal — para servir para o corpo físico seguinte; e assim sucessivamente, repetidamente, vez após vez, geração após geração, milênios após milênios, com muitos retrocessos constantemente recuperados; com muitas derrotas valorosamente compensadas; com muitas feridas lentamente curadas; mas, avançando sempre, progredindo sempre, com coragem e sem desfalecimentos, diminuindo o animal, crescendo o humano, eis a história da evolução humana, eis a tarefa que o Ego leva lentamente a cabo, à medida que se vai erguendo até a virilidade divina. Num certo estágio deste progresso, as personalidades começam a deixar de ser opacas às vibrações do Pensador, começam a responder-lhe e a sentir vagamente que são mais do que simples vidas isoladas, que há qualquer coisa que as liga a qualquer coisa de permanente e imortal.

Não poderão ainda avistar e reconhecer a sua meta, mas sentem-se estremecer e vibrar ao contato da Luz, como os botões das plantas estremecem na primavera dentro dos seus invólucros, dispondo-se para o rebentar e desenvolverem-se sob a ação da luz solar.

Este sentimento inato de eternidade e de preocupação pelo fim vê-se magistralmente numa das poesias de Walt Whitman:

Das costas da Califórnia, olhando para o Ocidente, buscando sem descanso aquilo que ainda ninguém encontrou, eu, que sou uma criança muito velha, tentava descobrir ao longe, para além das vagas, a casa materna, terra das emigrações.

Dali vejo as praias do meu mar do Ocidente, cujo círculo está quase fechado; porque, caminhando para o Ocidente, partindo do Industão, dos vales de Cachemira, da Ásia, do Norte, de Deus, do Sábio e do Herói; do Sul, das penínsulas floridas e das ilhas das especiarias, tendo viajado muito depois, tendo dado a volta à terra, alegre e feliz contemplo agora de novo a terra natal.

Mas onde está o lugar para o qual parti já vai tanto tempo? Por que estará ele ainda por achar?

Objeto da Reencarnação

Já vimos de maneira geral, que o objeto da Reencarnação é educar o Homem-Animal até ele se converter no instrumento perfeito do Divino, e que o agente desta educação é o Ego que se reencarna. Tracemos agora, embora a traços largos, o caminho que conduz a esta meta.

Quando os *Manasaputra* descem para dar uma alma ao Homem-Animal, a sua habitação é de um material que ainda não tem alcançado o seu máximo de densidade. O Pensador, atuando por seu intermédio, produz primeiramente qualidades, a que se chamam psíquicas, em oposição às intelectuais; o espiritual, ao primeiro contato com a matéria etérea, traduz-se no psíquico e só gradualmente se converte no intelectual, isto é, no elemento lógico, raciocinador e deliberativo, pelo contato prolongado com a matéria de um tipo mais denso.

A princípio é intuitivo, clarividente, comunicando com os seus semelhantes por transmissão de pensamento; e à medida que tem de funcionar com materiais mais densos e pôr em vibração partículas mais pesadas, a intuição transforma-se em raciocínio e a transmissão de pensamentos em linguagem. Este processo pode compreender-se melhor, concebendo como as vibrações têm de funcionar numa matéria cada vez mais densa, traduzindo-se as que trabalham na menos densa em qualidades psíquicas, as outras em qualidades racionais.

As faculdades psíquicas são as mais rápidas, mais sutis e mais diretas, incluindo-se nelas a clarividência, a clariaudiência, formas inferiores de intuição, poder de transmissão e de recepção das impressões do pensamento sem empregar a palavra; as racionais são mais lentas, e abrangem todas as funções da mente cerebral, sendo a sua qualidade característica o raciocínio deliberativo, o forjar de uma cadeia lógica, elo por elo, e a elaboração da linguagem como condição necessária para este labor mental.

Quando este processo chegar à perfeição e o cérebro conseguir alcançar o grau intelectual mais elevado, respondendo rapidamente aos impulsos que chegam até ele, mesmo os mais etéreos, e traduzindo-os nos seus análogos intelectuais, chegará então o momento de dar o grande passo em frente, isto é, a educação do cérebro para poder responder diretamente às vibrações mais sutis e pô-las na consciência cerebral, sem o processo lento do raciocínio.

Então o exercício das faculdades psíquicas forma parte integrante do equipamento consciente do homem que evoluciona, e essas faculdades passam a empregar-se de uma maneira normal, sem esforços, unificando-se assim a mente cerebral e a psíquica, e recuperando-se todos os poderes psíquicos além da experiência intelectual.

O obscurantismo temporário proveniente do aumento da matéria mais densa em volta do homem que evoluciona, diminui gradualmente à medida que a matéria se vai tornando mais dúctil e translúcida, e por esta forma se "redime" a matéria grosseira, isto é, converte-se num veículo perfeito de manifestação para o Espírito. "A civilização desenvolveu sempre o físico e o intelectual, à custa do psíquico e do espiritual"; porém, sem este desenvolvimento, o homem nunca poderia tornar-se divino, nunca poderia tornar-se o "ser setenário perfeito" cuja evolução é o objeto da reencarnação.

Na raça ária, estamos no arco ascendente; a intelectualidade pura e simples está alcançando as suas faculdades mais elevadas, e por toda parte estão aparecendo sinais de atividades psíquicas, as quais, quando se desenvolvem *para lá* da esfera intelectual e não para cá, são provas de que o Homem espiritual começou a triunfar.

Este triunfo já está consumado em alguns homens da nossa raça, naqueles a quem se chama *Arhats, Mahatmas* e Mestres. Para Eles o corpo é simplesmente o veículo do Homem espiritual, que já se libertou das prisões do corpo que habita e é, pelo contrário, este, o instrumento apto para atuar no plano físico, porque responde obedientemente a todos os impulsos do seu dono, e põe à sua disposição poderes e faculdades que se tornam necessárias no mundo da matéria grosseira, que, de outro modo, seria completamente inacessível a um Ser espiritual.

Um espírito pode atuar no plano espiritual; mas é insensível em todos os outros, visto não ter elementos para funcionar em planos de matéria mais grosseira, por causa da sutilidade da sua essência. Uma inteligência espiritual pode atuar e operar nos planos espirituais e mentais; mas é muito sutil para funcionar nos mais grosseiros. Só por meio da encarnação é que vence a matéria com a matéria e pode ser consciente em todos os planos, convertido no "ser setenário perfeito". É esta significação do *Arhatado;* o *Arhat* é a Inteligência espiritual depois de ter conquistado, subjugado e educado a matéria, até ao ponto de o seu corpo não ser mais do que a expressão materializada de Si mesmo.

Naturalmente, num ser setenário perfeito estão reunidas todas as forças do Universo espiritual, psíquico e material. Do fato de o corpo do homem vivente encerrar em si, em miniatura, as forças que se encontram no universo físico, resulta que, quando as naturezas físicas e espirituais chegam a sentir-lhes os impulsos, as forças dos universos correspondentes podem atuar no físico. Daqui vem aparentemente o milagre, isto é, a realização de efeitos cujas causas estão ocultas, mas que por isso não deixam de existir. Assim como o fechar de um circuito galvânico pode provocar uma explosão a muitas milhas de distância, assim também a ação da vontade exercitada pode manifestar-se nos fenômenos materiais, num plano inferior ao seu.

A ignorância do homem cria o sobrenatural, em contraposição ao conhecimento, que reduz tudo ao natural; pois a Natureza não passa de um aspecto do TODO, aspecto que naquele momento está em plena manifestação.

Chegado a este ponto é natural que no espírito do leitor surja a seguinte pergunta: Alcançado esse objeto, qual é o seu fim? Para que serve isso tudo?

São vários os caminhos que o Homem espiritual triunfante tem diante de si.

Alcançou o cume de maior progresso e desenvolvimento possível neste mundo; para avançar mais, tem de passar a outras esferas de ser, de existência. Aberto de par em par, perante ele, está o Nirvana, a plenitude do conhecimento espiritual, do Nirvana, de que a Visão Beatífica dos cristãos dá uma pálida idéia, paz imensa, paz suprema, fora do alcance da inteligência e do pensamento humano. E tem outro caminho, Vereda da Renúncia, a aceitação voluntária da vida na terra por amor da raça, aquela de que Kwanyin disse, ao trilhá-la resolutamente:

Nunca hei de procurar nem receber a salvação individual, particular; nunca entrarei só na paz final; mas, para sempre, e em toda a parte hei de viver e lutar pela redenção universal de todos os seres do mundo[1].

A natureza e objeto desta escolha, foi descrita no *Livro dos Preceitos de Ouro*, de que H. P. Blavatsky traduziu magistralmente para o inglês alguns fragmentos. O conquistador está triunfante: "O seu espírito qual outro oceano sem limites, alarga-se tranquilo num espaço infinito. Na mão tem a vida e a morte". E então surge a questão:

Certamente chegou a hora da grande recompensa... "Não deverá ele, o conquistador da grande Ilusão, fazer uso dos dons que essa recompensa lhe confere, para seu repouso e bem-aventurança, para a sua glória e felicidade, tão arduamente alcançadas?" Mas a resposta é clara:

Não, candidato ao saber oculto da Natureza! Se tu queres seguir as pisadas do santo Tatâghata[2], *esses dotes*

---

[1] Citado em: *Sacred Anthology*, de Moncure D. Conway, p. 233.
[2] Epíteto dado a Buda.

e poderes não são para ti próprio...[1]. *Fica sabendo que a corrente do conhecimento sobre-humano e a Sabedoria-Deva que adquiriste têm que passar de ti, canal de Alâya, a outro leito. Fica sabendo, ó Narjol*[2] *da Vereda Secreta, que as suas águas, puras e límpidas, devem servir para adoçar as vagas amargas do oceano, desse grande mar de dor, formado pelas lágrimas humanas... Condenado voluntariamente a viver através dos ciclos das idades futuras sem o reconhecimento dos homens, a quem o teu sacrifício passou despercebido, incrustado como uma pedra, entre as inumeráveis pedras que formam a "Muralha Protetora", eis o teu destino, se transpuseres a sétima porta, construída pelas mãos de muitos Mestres de Compaixão, — levantada, erguida pelas suas torturas, cimentada com o seu sangue, essa muralha é o escudo da humanidade, desde que o homem é homem, é ela que o protege contra muitas mais misérias e dores, ainda maiores do que aquelas que a vemos sofrer... A Compaixão fala e diz: "Pode haver felicidade para ti, quando tudo o que vive tem tanto para sofrer? Acaso podes tu salvar-te, sentir-te salvo, se te chegam aos ouvidos os gemidos do mundo inteiro? Agora sabes o que foi dito. Só para desposar a dor, é que tu atingirás o sétimo passo, transporás a porta do conhecimento final — se queres ser Tatâghata, seguir as pisadas dos teus predecessores, permanecer eternamente sem egoísmo... E ago-*

---

[1] Manifestação do "Criador" conhecida pela "Alma do Mundo"; o *Atma-Buddhi*, "Essência Divina que se infiltra em todas as coisas". (H. P. Blavatsky.)

[2] No Budismo, o homem sem pecados, o santo. (N. T.)

ra que está esclarecido, escolhe o teu caminho[1].

A escolha, que pondo de parte o Nirvana, prefere a encarnação até que a raça tenha chegado à perfeição, é a coroa do *Arhat,* do homem perfeito. A sua sabedoria, os seus poderes, tudo arroja aos pés da humanidade, na ânsia de lhe ser útil, de lhe servir de amparo e guia, ao longo da mesma Vereda que ele trilhou. É este, pois, o termo final da Reencarnação para aqueles, cujas almas têm a força necessária para levar a cabo a GRANDE RENÚNCIA.

A Reencarnação edifica o ser setenário perfeito, e o triunfo individual deste contribui para a redenção geral de toda a Humanidade.

---

[1] *A Voz do Silêncio.*

III

CAUSAS DA REENCARNAÇÃO

A causa da reencarnação, assim como a de qualquer manifestação, seja ela qual for, é o desejo da vida ativa, a sede de existência senciente. No mais profundo da Natureza há uma certa essência oculta, evidente nas suas manifestações, embora incompreensível quanto à sua Natureza e razão de ser, que se manifesta como "Lei de periodicidade". "Fatos de alternância, tais como o dia e a noite, a vida e a morte, o sono e a vigília são tão vulgares, tão perfeitamente universais e sem exceção, que é fácil ver neles uma das leis fundamentais do Universo."

Em tudo e a cada passo se manifesta o fluxo e o refluxo, o ritmo que é a sístole e a diástole do Coração do Cosmo. Mas a sua razão de ser escapa-nos; não podemos dizer porque é que as coisas se dão assim; sabemos apenas que são assim[1]. Na Filosofia Esotérica re-

[1] *Doutrina Secreta*, vol. I.

conhece-se essa mesma lei, mas mais ampla e geral, abraçando mesmo as emanações e reabsorções de mundos inteiros, a noite e dia de *Brahmâ*, a expiração e inspiração do Grande Sopro, do Grande Alento de Vida.

É por isso que os hindus representam o Deus do Desejo como o impulso para a manifestação. *"Kâma* é também no *Rig Veda*[1] (x. 129), a personificação deste sentimento que impulsiona e conduz à criação. Foi o *primeiro movimento* que impulsionou o UNO a criar, depois da sua manifestação no princípio puramente abstrato." "O desejo foi o que primeiro se manifestou nele, e esse desejo constituiu o primeiro germe do Espírito; foi ele que os Sábios, investigando com a sua inteligência, descobriram ser o laço que une a Entidade"[2].

O *Kâma* é essencialmente o desejo de existência ativa senciente, a existência de sensações vividas, agitação tumultuosa numa vida passional. Quando a Inteligência espiritual entra em contato com esta sede de sensação, a sua primeira ação é torná-la mais intensa.

Diz a Estância: *"Com a sua própria essência encheram (intensificaram) o* Kâma"[3]. Assim o *Kâma*, tanto para o indivíduo, como para o Cosmo, é a causa primária da reencarnação; e como o desejo se diferencia em desejos, estes agrilhoam o Pensador à terra fazendo-o renascer vezes sucessivas. As escrituras búdicas e bramâ-

---

[1] A mais antiga das escrituras hindus. (N. T.)
[2] *Doutrina Secreta*, vol. I.
[3] *Doutrina Secreta*, vol. II.

nicas estão cheias da repetição desta Verdade. Assim lemos no *Bhagavad-Gîtâ:*

Os que têm perspicácia intelectual chamam sábio àquele cujas obras estão livres de desejo, porque as suas ações se consomem no fogo do conhecimento. O que abandona o desejo de obter recompensas pelas suas ações é livre, está contente, é absolutamente independente de tudo... tendo subjugado o corpo e o espírito, colocando-se acima dos gozos materiais; servindo-se do corpo apenas para os atos do corpo, não está sujeito à Reencarnação.

Aquele cujo Buddhi (espírito) se libertou de todos os laços, e que, vencendo-se a si mesmo, conseguiu matar para sempre os desejos, chega por esta Renúncia à perfeição suprema da libertação do Karma.

No *Udânavurga,* versão feita do tibetano pelos budistas do norte, fere-se a mesma nota:

É penoso para o que está agrilhoado pelas cadeias do desejo, libertar-se delas, diz o Bem-aventurado. Os de vontade firme que não se preocupam com a satisfação dos desejos arrojam-nos para longe e partem (para o Nirvana).

Buscando incansavelmente (a existência), entram de novo no ventre materno; os seres vão e vêm; a um estado de ser, outro sucede.

É penoso arrojar para longe (a existência) neste mundo; o que arrojou para longe a lascívia, o que extirpou a semente (da existência), deixará de estar sujeito à transmigração, porque pôs termo ao desejo.

Nas Escrituras da Igreja budista do sul é igualmente do mesmo teor a nota dominante sobre o assunto. O discípulo é aconselhado a não confiar demais em si mesmo, até ter conseguido a "extinção dos desejos"; depois de descrever a maneira como os desejos e as paixões ligam os homens à vida terrestre, o *Dhammapada* prossegue:

Aquele que alcançou a consumação, aquele que não treme, aquele que treme, aquele que não tem sede e vive sem pecar, arrancou todos os espinhos da vida; será este o seu último corpo. Aquele que não tem sede nem ambições, e compreende as palavras e a sua interpretação, e conhece a ordem das letras (as que estão antes e as que estão depois), recebeu o seu último corpo, e é chamado o grande sábio, o grande homem. "Tudo venci, tudo conheço, e em todas as condições da vida estou limpo de mácula: tudo abandonei, e graças à destruição da sede, estou livre.

Aí se encontra também a apóstrofe triunfante de Gautama quando alcançou o estado de Buda:

Procurando o criador deste tabernáculo, terei de passar por uma longa série de nascimentos, até encontrá-lo; é doloroso nascer e tornar a nascer. Mas agora, vi-te, criador do tabernáculo; não mais voltarás a construí-lo. As tuas vigas estão quebradas, a soleira partida ao meio; a mente, aproximando-se do Eterno, logrou a extinção de todos os desejos.

Quando o estudante compreender bem a fundo a natureza do desejo, verá então a razão por que é necessária a sua destruição para o aperfeiçoamento do homem espiritual. O desejo tem que existir até ter sido feita a colheita de experiências; pois só alimentando sucessivamente estas experiências recolhidas se pode fomentar e manter o desenvolvimento. Enquanto houver falta de experiência, a sede dela estará por saciar e o Ego voltará à terra sucessivas vezes. Mas as suas cadeias hão de cair uma a uma, à medida que o Ego se aproxima da perfeição do seu tabernáculo, pois o *desejo é pessoal e, portanto, egoísta;* e quando é o desejo que impulsiona a ação, mancha-se a pureza desta.

A condição do Arhatado *é a atividade incessante sem retribuição pessoal; o* Arhat *"deve dar luz a todos, sem a receber de ninguém". Por isso na obra de ascensão há de arrancar os desejos um após outro: o desejo de felicidade pessoal, de prazeres pessoais, de benefício pessoal, de amores pessoais, de êxitos pessoais, e o último dos desejos e de todos o mais sutil, o da perfeição pessoal, visto que tem de se perder no* EU UNO *que é o* EU *de tudo o que vive.*

Neste ponto torna-se necessário fazer duas advertências para evitar interpretações errôneas. Primeira: *Os amores pessoais não devem ser aniquilados, antes pelo contrário, devem alargar-se até chegarem a ser universais; não devemos amar menos os entes queridos, mas sim tentar que todos, em geral, sejam para nós entes queridos, de modo que, por exemplo, o sofrimento do filho de uma criatura qualquer nos oprima tanto o coração, como se se tratasse de um filho nosso, e sejamos levados a ajudá-lo com a mesma atividade e boa vontade. Trata-se de levantar o nível dos nossos afetos e não abaixá-lo. O coração não deve gelar, mas sim abrasar--se no amor por todos.* A falta de compreensão disto, e depois da sua perfeita compreensão, a consciência da tremenda dificuldade da tarefa, têm levado à decadência do amor, em vez de conduzirem ao seu desenvolvimento. É o amor transbordando e não o desamor que salvará o mundo. O *Arhat* é um oceano de Compaixão e não de gelo.

É fácil de ver a razão por que esta expansão da caridade tem de preceder o ingresso no *Arhatado*; realmente o *Arhat,* o futuro Mestre, serve-se dos seus poderes para o bem de todos e nunca para a elevação de uma família ou de uma nação, em particular. É o servo da Humanidade e o caminho para se obter o seu auxílio não é o parentesco, mas a necessidade. Aos seus poderes sobre-humanos, tem de acrescentar uma imparcialidade sobre-humana, sem que o mais pequeno afeto pessoal venha pesar na balança da sua justiça. Nenhuma criatura humana tem de ser como Ele um tão estóico escravo do dever; e compreende-se bem que assim seja, pois qualquer desvio desta linha de conduta acarretaria consigo conseqüências proporcionais à grandeza da Sua elevação acima do mundo. Tem de ser uma força do bem, o bem deve circular pelos canais que dele mais necessitam e não pelos abertos pelas afeições pessoais ou pelas predileções de raça. Daqui vem a longa aprendizagem, o ascetismo pessoal e o isolamento, condições essenciais do chelato.

Segunda: não se deve paralisar a ação pelo fato de o discípulo já não buscar no fruto dela uma recompensa. "A inação perante uma obra de caridade converte-se numa ação de pecado mortal"[1].

"Queres abster-te da ação? Não será assim que a tua alma alcançará a liberdade. Para se chegar ao Nirvana, é imprescindível o conhecimento de si mesmo. E o conhecimento de si mesmo é filho de obras de amor"[2].

Não é pois a ação que deve destruir-se; mas ao mesmo tempo que ela se executa com todo o esforço de que é capaz o poder humano, deve extinguir-se o desejo dos seus frutos para satisfação pessoal. Uma obra boa deve fazer-se apenas sempre que dela provenha um auxílio, uma utilidade para os outros, e nunca por uma questão de recompensa ou prazer pessoal dela proveniente, nem sequer pelo desejo mais sutil de progresso próprio. *Foi precisamente a falta de compreensão da diferença entre uma ação e o desejo dos seus frutos, que levou as nações orientais à estagnação e à passividade que lhes são características; foi o egoísmo espiritual e a indiferença que provocaram a decadência do Oriente.*

Assim como este desejo geral de existência senciente é a causa universal da Reencarnação, assim também a causa dominante de cada Reencarnação é o desejo renovado de provar a existência no plano físico. Depois de se ter vivido uma larga vida no plano terrestre, e de se ter feito uma abundante colheita de experiência, a ânsia de existência terrestre sacia-se temporariamente e sente-se o desejo de descansar. Vem então o intervalo da desencarnação, durante o qual o Ego voltado, por assim dizer, a si mesmo, deixa de exercer a sua ativida-

---

[1] *A Voz do Silêncio.*
[2] *Idem.*

de no plano físico e dedica toda a energia à atividade interna, passando revista às experiências acumuladas, procedendo à sua separação e classificação, assimilando o que é suscetível de assimilação e repelindo tudo que seja estéril e inútil.

É este o trabalho do período *devachânico*[1], que é o tempo necessário para a assimilação, para o restabelecimento do equilíbrio. Assim como o operário pode sair a recolher os materiais para o seu trabalho, e depois de os reunir, pode voltar para casa e sossegadamente pô-los em ordem e arranjá-los, para depois os empregar em qualquer objeto artístico ou útil, do mesmo modo, o Pensador, feita a colheita de materiais com a experiência da vida, tem que os entretecer na tela da sua existência milenária. Assim como o operário não pode estar recolhendo materiais, acumulando-os, em vez de com eles produzir novos objetos, também o Pensador não pode estar indefinidamente submerso no turbilhão da vida, exatamente como não é possível a um ser humano comer constantemente, sem intervalos para digerir os alimentos e assimilá-los para reconstituir os tecidos do seu corpo.

Isto, juntamente com o repouso exigido por todas as formas de ser entre dois períodos de atividade, tornam o *Devachân* uma necessidade absoluta; é a melhor resposta à impaciência com que alguns teosofistas mal guiados nos seus estudos, repelem a idéia de "perder assim o tempo". É preciso reparar bem, que ninguém pode passar sem repouso. "O fatigado e gasto *Manu*"

---

[1] No plano *devachânico* ou Mental. Vide *O Plano Mental*.

(Ego pensante), necessita dele, e só o "Ego já descansado" é que está disposto e em condições para a Reencarnação[1]. *Não nos é possível, nem temos forças para isso, tomar de novo aos ombros a carga da carne, enquanto esse período de descanso não permitir às forças da vida mental e espiritual uma concentração no homem espiritual. Só quando se aproxima o fim do ciclo dos renascimentos, é que o Ego, fortalecido pelas experiências milenárias, pode achar-se em condições de sustentar o tremendo esforço das suas últimas vidas, que então se sucedem ininterruptamente sem "intervalo devachânico", e de subir os últimos sete degraus da escada da vida, com os músculos endurecidos pela longa subida que deixou atrás de si.*

Além deste necessário processo de assimilação, que é condição para o progresso sucessivo, pode fazer-se no *Devachân* um processo de progresso. H. P. Blavatsky diz:

Num sentido podemos obter mais conhecimento; isto é, podemos adquirir maior desenvolvimento de uma faculdade que tenhamos preferido e por cujo aperfeiçoamento nos tenhamos esforçado durante a vida, contanto que se trate de coisas abstratas, como a música, a pintura, a poesia, etc., visto que o Devachân *é apenas a continuação ideal e subjetiva da vida terrestre*[2].

---

[1] *A Chave da Teosofia.*
[2] *Idem.*

Isto pode, até certo ponto, explicar o maravilhoso gênio infantil que por vezes se manifesta, principalmente na música, e que excede muitíssimo todos os conhecimentos adquiridos anteriormente na história desta arte, na raça ária. Seja como for, convém frisar que seguir resolutamente uma linha de pensamentos abstratos, de aspirações ideais, dá uma força tal ao estado *devachânico,* que o transforma num estado de progresso ativo, simultaneamente com o seu caráter passivo. O *Devachân* é essencialmente o mundo dos efeitos, e sob este aspecto, colhe os seus elementos no mundo das coisas; embora seja verdade que é daqui, deste mundo das coisas, que deve partir o impulso que há de fazer girar a roda ao longo daquele Trilho de paz. *No* Devachân *não se iniciam esforços, mas continuam-se aqueles que se dirigiram aos planos mais elevados do ser, que o homem pode alcançar na vida terrestre.* A razão desta possibilidade é fácil de ver-se, pois as alturas abstratas e ideais estão iluminadas pela irradiação manásica, e a sua claridade não se obscurece quando o *Mânas-Taijasi*[1], já liberto de cadeias, remonta ao seu próprio plano.

Nesta altura surge uma questão altamente interessante. Suponhamos terminado o período de repouso; as forças que conduziram o Ego para fora da vida terrestre estão exaustas, a ânsia da vida física senciente revive com intensidade, e o Ego está pronto para cruzar o limiar do *Devachân* para o plano da reencarnação.

---

[1] O *Manas* iluminado pelo Ego superior. "Um estado do Ego Superior que apenas os grandes metafísicos podem compreender." *(A Chave da Teosofia)* (N.T.)

Que força, ou instinto, ou causa o guia para uma certa raça, nação ou família, por meio da qual ele deve encontrar o seu novo tabernáculo de carne, e o que é que lhe determina o sexo que há de ter na sua nova vida terrestre? Será uma questão de afinidade? De livre escolha? De necessidade? São estas as perguntas que decerto mais facilmente acodem ao espírito do investigador.

É a lei do Karma que, sem a mais pequena dúvida ou erro, o guia pára a raça que reúne as condições características gerais, que hão de produzir o corpo e fornecer--lhe a atmosfera social mais adequada à manifestação do caráter geral adquirido pelo Ego nas vidas terrestres anteriores, e à maturação da colheita do que Ele semeou.

O Karma, com o seu Exército de Skandhas, espera no limiar do Devachân, o Ego que mais uma vez sai para nova encarnação. O futuro destino do Ego, ao cair de novo no domínio da lei Kármica ativa, palpita na balança da justa Retribuição. No renascimento que vai haver, renascimento escolhido e preparado por essa lei misteriosa e inexorável, mas infalível na eqüidade e sabedoria dos seus decretos, os pecados na vida anterior do Ego, receberão o seu justo castigo. Não é a um imaginário inferno de chamas teatrais, povoado por diabos ridículos de rabo e chifres, que este Ego é chamado a espiar os seus pecados, mas sim a esta mesma terra, plano e região desses pecados, das más ações e dos maus pensamentos. Colherá o que semeou. A Reencarnação con-

gregará em volta dele todos aqueles outros Egos que sofreram, direta ou indiretamente, às mãos, ou mesmo através da instrumentalidade inconsciente da personalidade passada. Serão arrojados por Nêmesis no caminho do novo homem que oculta o antigo, o Ego eterno... a "personalidade" nova significa apenas um traje novo com as suas características específicas, cor, forma e qualidades; mas o homem real, verdadeiro, *que o usa, é o mesmo culpado de antes*[1].

Assim, suponhamos uma personalidade militante numa encarnação, por meio da qual o Ego tenha dado lugar a causas que terminem o seu renascimento numa raça e nação que atravesse um período militante na sua história; o Ego de um romano do tipo colonizador e combatente podia ser impelido a reencarnar na nação inglesa, no reinado da Rainha Elisabeth, nação e época em que a herança física proporcionará um corpo, forças sociais e circunstâncias próprias para a manifestação do caráter que se formou quinze séculos antes.

Outro dos elos da cadeia do Karma e certamente um dos mais fortes é a tendência e a inclinação dominante da última vida. Assim, as tendências dominantes e o seguimento resoluto de uma linha de pensamentos, reaparecem como qualidades inatas. Um indivíduo de vontade forte, que se dedique com energia à aquisição de riquezas e siga essa resolução durante a sua vida, obstinadamente e sem escrúpulos, será, provavelmente, na encarnação imediata, um desses homens "com sorte",

[1] *A chave da Teosofia.*

de quem se diz "que tudo em que toca se lhe converte em ouro".

Daqui vem a importância capital da escolha dos nossos ideais e das aspirações da nossa vida, visto os ideais de uma existência determinarem as circunstâncias em que há de decorrer a seguinte. Se são egoístas, baixos, materiais, a próxima encarnação colocar-nos-á numa esfera de vida, em que eles aparecem ao nosso alcance. Da mesma forma como uma vontade de ferro impele e proporciona a fortuna, assim também estende a sua garra adunca através do golfo existente entre a morte e o renascimento, acabando por obter o objeto da sua tenacidade; durante o intervalo *devachânico* não perde tensão nem força; pelo contrário, vai reunindo todas as suas energias, e trabalhando na matéria mais sutil de tal forma, que o Ego, no seu regresso, encontra preparado um tabernáculo, construído por esse desejo forte, e adequado à realização do desejado propósito.

O homem colhe o que semeia; é senhor do seu destino, e se quiser edificar apenas com um objeto de êxito temporário de voluptuosidade física, ninguém pode opor-se-lhe. Só a experiência é que lhe poderá vir a ensinar que o poder, a voluptuosidade e a riqueza, não passam de frutos de um Mar Morto; que o corpo pode vestir-se com elas, mas o Ego ficará nu e a tiritar de frio; que o seu verdadeiro Eu não se poderá satisfazer com cascas, que são alimento para porcos; e, por fim, quando tenha chegado a fartar o animal que encerra em si e tenha deixado morrer à fome o humano, então, apesar de se achar na região longínqua, onde os seus passos resolutos o conduziram, lançará um olhar ansioso para a sua verdadeira morada, e através de muitas vidas lutará para a alcançar com a mesma força e energia de que outrora se serviu para dominar, e agora emprega para obedecer; e o homem forte que orientou a sua força para dominar os seus semelhantes, empregá-la-á, agora, para o domínio do seu próprio Eu, educando-o na obediência à Lei do Amor.

À outra pergunta: qual é o determinante do sexo?, é bastante difícil responder, visto não ter havido qualquer indicação nesse sentido. O Ego, por si mesmo, não tem sexo, e o mesmo Ego habita, no decorrer das suas miríades de encarnações em corpos masculinos e femininos. Como o objeto da reencarnação é a formação de uma humanidade perfeita, e nesta é necessário o equilíbrio perfeito de elementos positivos e negativos, é fácil compreender que o Ego tem de desenvolver em toda a plenitude, por meio da experiência, estas qualidades características nos seus objetos físicos apropriados, e, portanto, que é necessário uma troca de sexos. É igualmente digno de nota, como questão de observação, que nesta etapa do progresso humano, o avanço verifica-se pelo processo sintético. Encontramos tipos nobres de cada um dos sexos físicos, que manifestam algumas das qualidades características do outro, de sorte que a força, a firmeza e o valor, desenvolvidos na linha masculina, se juntam à ternura, à pureza e à paciência, que se desenvolvem na feminina, de onde podemos fazer uma idéia do que será a humanidade quando "os pares de opostos", divorciados para a evolução, se venham a juntar para dar fruto.

Entretanto, o mais provável é que a experiência dos sexos restabeleça constantemente o equilíbrio no processo evolutivo e supra as qualidades que faltam em qualquer etapa, e também que as conseqüências *kármicas* do mal causado por um sexo a outro venham a recair nos Egos que originaram esse mal; e para isso torna-se necessário que, por uma espécie de pena de Talião, esses Egos ao reencarnarem-se tomem o sexo que oprimiram e maltrataram.

Deste modo, o *Karma* traça a linha que forma o caminho do Ego na nova encarnação, sendo esse *Karma* a coletividade das causas postas em ação pelo próprio Ego. No estudo desta função das forças *kármicas* deve, porém, atender-se a que o Ego, nos seus momentos de maior lucidez de visão, aceita voluntariamente condições para a sua personalidade, muito diferentes das que esta escolheria, por si mesma. As lições da experiência nem sempre são muito agradáveis, e para o limitado conhecimento da personalidade, deve haver muitas experiências terrestres que, à primeira vista, parecem inutilmente duras, injustas e desnecessárias. O Ego, antes de se submergir no "Esquecimento do corpo", vê as causas que hão de determinar as condições da encarnação em que vai entrar, e as oportunidades de progresso que elas encerram, e fácil será compreender o pouco que pesarão na balança todas as dores e os pesares passados, e como serão triviais os gozos e os prazeres para aquele olhar penetrante, que tão ao longe alcança. "Pois o que é a vida" senão um simples passo no *progresso perpétuo de cada Ego, ou alma divina, que se reencarna, numa evolução do externo ou interno, che-*

gando no fim de cada estádio, de cada etapa à unidade absoluta com o Princípio Divino. Passar de uma força a outra força, da beleza e perfeição de um plano a maior beleza e perfeição de um outro, com acréscimos de nova glória, de novos conhecimentos, e de maior poder em cada ciclo, eis o destino de cada Ego[1].

E perante tal destino, "que importam os sofrimentos passageiros de um momento, ou mesmo as angústias de uma vida obscura?"

---

[1] *A Chave da Teosofia.*

IV

PROVAS DA REENCARNAÇÃO

Embora as provas da Reencarnação, não constituam uma demonstração completa e geral da teoria, estabelecem contudo uma presunção com fundamentos tão sólidos quanto o permite a natureza do caso. Esta teoria oferece a única explicação satisfatória da elevação e decadência das nações, dos fatos da evolução individual, da diversidade de capacidades dos diferentes indivíduos, da repetição dos ciclos na história, dos caracteres humanos de exceção. Apesar de, para mim, não haver a menor dúvida de que a existência da reencarnação é um fato da Natureza, limito-me a apresentá-la aqui como uma hipótese racional, e não como um teorema demonstrado, pois escrevo para aqueles que procuram a evidência nos fatos da vida e da história humana; e para estes não posso ultrapassar os limites de uma hipótese racional. Os que sabem que é uma verdade, não necessitam de outros argumentos.

I. — Existem criaturas, além de outras que já não gozam da vida terrestre, que se lembram das suas encarnações e podem recordar os incidentes destas, como podem recordar os fatos da vida presente. A memória — que é o laço entre os diferentes estados de experiência do ser consciente, e que leva consigo, além do sentimento da individualidade, o da personalidade — estende-se para eles através dos nascimentos e mortes passadas; e as noites da morte não lhes interrompem a cadeia da memória como não a interrompem as noites que separam os dias da nossa vida ordinária.

Os fatos das suas vidas passadas são experiências tão reais dos seus Eus viventes, como se tivessem acontecido apenas meia dúzia de anos antes; e dizer-lhes que nenhum desses fatos se deu é para eles tamanho absurdo, como se se lhes dissesse que os fatos, de que se lembram perfeitamente, passados há dez anos, se deram com outros e não com eles.

Perante tal asserção nem sequer discutiriam o assunto; limitar-se-iam a encolher os ombros, e a não falar mais nisso, pois não há argumentos que destruam as experiências existentes na consciência de um homem.

É certo que o testemunho de um indivíduo, relativo a fatos do seu próprio conhecimento, não é suficiente para demonstrar a sua realidade aos outros, e, portanto, esse testemunho não constitui prova concludente para ninguém, a não ser para aqueles com quem os fatos se deram. Para aquele, cuja memória atesta os fatos do passado, basta esta circunstância para lhe fornecer a certeza final da existência da encarnação; mas para o que escuta, o valor da prova há de depender da opinião que lhe mereça a inteligência e a moralidade do narrador.

Mas tratando-se de uma criatura, que alia a uma reconhecida honestidade nas suas normas de viver, uma inteligência clara e forte, daqueles cuja moralidade está fora de discussão, cuja pureza de vida é geralmente admirada, sem que ninguém possa duvidar da verdade das suas afirmações, então, a afirmação categórica de que se recorda de fatos acontecidos alguns séculos atrás, e a verossimilhança das relações desses incidentes com circunstâncias locais minuciosas, hão de ter por força um peso considerável, para aqueles que lhe conhecem a integridade moral e o brilho do talento; é evidentemente um testemunho em segunda mão, mas valiosíssimo no seu gênero.

II. — O vegetal, o animal e o homem, apresentam todos sinais da obra da "lei da hereditariedade", da tendência dos pais para transmitirem aos seus descendentes as peculiaridades da sua própria organização. O carvalho, o cão e o homem podem ser reconhecidos no mundo inteiro pelas suas diferenças externas. Qualquer deles é gerado e cresce obedecendo a determinadas condições; qualquer deles procede de duas células, uma masculina e outra feminina, que se desenvolvem segundo as direções características dos progenitores.

O filho reproduz os sinais específicos dos pais, e, por maiores que sejam as diferenças entre as famílias do mesmo tipo, não deixamos, no entanto, de reconhecer e apontar as particularidades comuns que as unem.

Nós, sob a designação geral de "cão", compreendemos o S. Bernardo e o fraldiqueiro, o molosso, caçador de javalis, e a cadelinha cinzenta italiana, o feroz cão de guarda e o mimoso cãozinho de luxo; e igualmente sob a designação de "homem" compreendemos o *Veddah* e o europeu, o negro e o *Râjput*. Mas ao tratarmos das faculdades intelectuais e morais, entre as variedades de cães e de homens, a diferença de umas para outras choca-nos profundamente de maneira significativa.

Na raça canina essas faculdades variam entre limites relativamente estreitos; um cão ou é esperto ou estúpido, bravo ou dócil, e a diferença entre um cão esperto e outro que não o é, é positivamente pequena. Pelo contrário, no homem, que imensa distância não há entre o homem inferior e o superior, tanto em inteligência como em moralidade! Enquanto uma raça considera uma virtude filial dar a morte aos pais, ou considera a traição como legítima, outra dá ao mundo um S. Francisco Xavier, um Howard ou um Lloyd Garrison.

Só no homem, entre todos os seres vivos, é que encontramos tão grande unidade física, a par de uma diferença moral e intelectual tão caracterizada. Eu admito, para explicar a primeira, a hereditariedade física, mas necessito de um fator novo que não existe no irracional, para explicar a segunda. A Reencarnação, com o seu Ego intelectual e moral persistente, que aprende, por meio das experiências que se vão desenrolando, sempre novas e frutíferas, durante sucessivos milênios, apresenta uma causa que satisfaz e explica a razão por que o homem evoluciona e progride, ao passo que os irracionais se mantêm estacionários sob o ponto de vista moral e intelectual a não ser quando são adestrados artificialmente pelo homem.

Até onde a história pôde penetrar no passado, não se encontraram vestígios de que os animais selvagens não tivessem vivido sempre como hoje; feras, manadas de búfalos, tribos de macacos, comunidades de formigas, vivem e morrem, geração após geração, repetindo instintivamente os costumes dos seus ascendentes, sem desenvolverem uma vida social superior.

Têm, como o homem, a hereditariedade física, e o seu instinto maravilhoso mostra-nos até onde podem chegar. Mas essa hereditariedade não lhes dá, porque não pode dar-lha, a experiência acumulada, que permite aos Egos humanos persistentes ascenderem constantemente, construindo civilizações admiráveis, reunindo conhecimentos, elevando-se cada vez mais, a ponto de a ninguém ser lícito marcar um término, para além do qual a humanidade não possa evolucionar. É este elemento persistente, que falta no irracional e existe no homem, que explica a razão por que o animal está estacionário e o homem progride.

No primeiro, não há receptáculo algum onde ele possa armazenar as experiências que reúne, exceto quando modifica o organismo físico, e esta experiência física se faz em condições de ser transmitida: o homem, porém, acumulando as essências das suas experiências no Ego imortal, principia cada uma das suas vidas com uma certa soma de conhecimentos, propriedade sua, e assim tem a possibilidade de evolucionar continuamente. "Haverá outro veículo de transmissão da experiência intelectual a não ser a consciência?" Os hábitos físicos que modificam o organismo podem transmitir-se fisicamente, como sucede no cavalo, que adquiriu a tendência de trotar e o cão de buscar a caça, e noutros tantos exemplos, de hábitos adquiridos, tão vulgares, não só entre animais como entre os homens.

Igualmente é do domínio geral o fato notável de não haver nenhuma influência exterior que possa imprimir nos cérebros das raças humanas de maior inferioridade as concepções morais elementares, que as raças superiores assimilam quase imediatamente à primeira vista. Para uma percepção moral ou intelectual, é necessário mais alguma coisa do que o aparelho cerebral, que a educação, seja ela qual for, nunca poderá dar; a educação pode afinar mais o aparelho, torná-lo mais delicado; mas para que esse possa responder às excitações exteriores, é imprescindível o impulso do Ego.

O caso da criança européia que, seqüestrada do convívio dos homens, saiu selvagem, quase sem sentimentos humanos, em nada contraria as minhas afirmações, visto que o órgão físico para poder ser utilizado neste plano precisa do jogo sadio das influências físicas: se está desorganizado à força de um tratamento contrário à natureza, não pode responder a nenhuma sugestão do Ego, da mesma forma que um piano abandonado à umidade e à ferrugem não pode dar notas harmoniosas, tendo as cordas em mau estado.

III. — Dentro dos limites de uma família, há certas particularidades que reaparecem constantemente, e uma certa "semelhança de família" une os seus membros. Essas semelhanças físicas são evidentes e estão consideradas como testemunhos da lei da hereditariedade. Até aqui, de acordo; mas qual é a lei que explica as surpreendentes diferenças de capacidade mental e de caráter moral que encontramos dentro dos estreitos limites do círculo de uma mesma família, entre filhos dos mesmos pais? Numa família de lar tranqüilo e de tendências afetivas, por temperamento, estabelecida geração após geração no mesmo ponto, nasce às vezes um filho de espírito indisciplinado e vagabundo, que não se deixa domar por disciplina alguma, que não há incentivo que possa conter.

"Se a natureza mental e moral provém de fontes hereditárias, como se explica a existência de um tipo semelhante nas circunstâncias apontadas?" Ou então, quando no seio de uma família de reconhecida nobreza e austeridade de princípios, trasmitidos de pais a filhos, nasce um bandido, que despedaça os corações dos que o amam, e desonra um nome honrado? De onde vem? De onde vem a flor branca de santidade que, por vezes, entreabre a sua radiante formosura no meio de uma família sórdida e de maus instintos? Que foi que deixou cair semente tão rara em terreno tão perverso?

Neste caso, como em todos os outros, é a Reencarnação que nos dá a chave do mistério, colocando as qualidades morais e mentais no Ego imortal, e não no corpo físico nascido dos pais. Encontram-se grandes parecenças físicas entre irmãos, cujos caracteres mentais e morais são totalmente opostos. A hereditariedade pode explicar as primeiras, não explica porém os segundos[1]. A Reencarnação aparece e preenche o vácuo, completanto assim a teoria do progresso humano.

IV. — Este problema acentua-se ainda mais no caso de irmãos gêmeos. Estes têm não só os mesmos pais, mas condições pré-natais idênticas, e, contudo, não é raro encontrarmos irmãos gêmeos com a mais completa semelhança física e absolutamente diferentes intelectual e moralmente. E, outro ponto curioso relativo a gêmeos, é o fato de, muitas vezes, em pequenos a sua semelhança ser de tal ordem, que nem mesmo os olhos perscrutadores da mãe ou da ama conseguem distingui-los, ao passo que pela vida adiante, à medida que o *Manas* vai trabalhando sobre o invólucro físico, a semelhança vai diminuindo a pouco e pouco, e as diferenças de caráter vão-se acentuando nos traços fisionômicos variáveis.

V. — A precocidade na infância exige da parte da ciência qualquer explicação.

Por que pôde Mozart revelar aos quatro anos conhecimentos que ninguém lhe tinha ensinado? Não só possuía uma grande delicadeza de gosto para a melodia, mas, além disso, revelava uma habilidade "instintiva" para produzir composições segundo melodias que lhe eram dadas, sem que, na sua confecção musical, ele que-

---

[1] Não esqueço o "atavismo", nem a objeção natural: "Como se compreende que esses tipos discordantes entrem numa família se os Egos são atraídos, como já se disse, pelas circunstâncias que lhe sejam adequadas e próprias?" Mas estes pontos serão tratados mais adiante nas "Objeções à Reencarnação".

brasse uma única das complicadas leis da harmonia, que o músico só consegue saber à força de estudo e de estudo paciente. "Nasceu de uma família de músicos." É claro.

Se assim não fosse, seria difícil compreender como o delicado aparelho físico, necessário para a manifestação do seu gênio transcendente, lhe tinha sido fornecido. Mas se a família lhe deu o gênio, além da máquina física necessária para o manifestar, lembra perguntar por que é que dentre tantas criaturas que possuíam um aparelho físico musical, só ele revelou o poder de fazer brotar essas sinfonias, essas sonatas, essas óperas, essas missas, que se precipitam como cascatas de pedras preciosas daquela fonte inesgotável.

Como pôde um tão poderoso efeito nascer de causa tão pouco adequada, visto que, em toda a família de Mozart, só houve um *Mozart*? E como este, muitos outros exemplos se poderiam apontar em que uma criança passa adiante dos mestres, fazendo com a maior facilidade, o que eles só conseguiram à custa de canseiras, e, por vezes, fazendo rapidamente, o que eles de forma nenhuma puderam realizar.

VI. — A precocidade infantil é apenas uma das formas da manifestação do gênio, e este merece e necessita uma explicação. Donde vem ele, esse gênio, cuja pista é mais difícil de traçar que o vôo das aves no ar? Um Platão, um Dante, um Bruno, um Shakespeare, um Newton? De onde vêm eles, estes brilhantes filhos da Humanidade? Vêm de famílias medianas e dentro delas são eles os únicos que as imortalizam, a essas famílias obscuras, cuja obscuridade é precisamente a prova de que elas possuem apenas talentos vulgares; uma criança nasce, os seus pais amam-na, criam-na, como todos os outros pais; de repente a aguiazinha levanta vôo do ninho modesto dos pardais, em cujo seio foi criada, e o bater das suas asas agita o ar.

Quando uma coisa destas acontece no plano físico, não deveríamos apenas murmurar: "Hereditariedade, curioso caso de atavismo", mas procurar traçar a genealogia da águia mãe e não dos pardais. E, por isso, quando o forte Ego desce até a família mediana, é neste Ego que nós devemos procurar a causa do gênio, e desinteressar-nos da genealogia da família, cujo conhecimento é inútil para a explicação do caso.

Haverá alguém que se lembre de explicar, pela hereditariedade, a vinda ao mundo desses grandes gênios morais, como Lao-Tsé, Buda, Zaratustra, Jesus? É no solo da progenitura física que se quer escavar a raiz divina de onde brotaram estas flores da humanidade, é no acanhado poço dessa humanidade que se procura descobrir a nascente destas vidas generosas, cheias de abnegação. De onde trouxeram eles aquela sabedoria inédita, aquela visão espiritual íntima, aquele conhecimento profundo das dores e das necessidades humanas? Foi tal o esplendor das suas doutrinas, que os homens deslumbrados viram nelas uma revelação de uma Divindade sobrenatural, quando, afinal, são apenas o fruto amadurecido de centenas de vidas humanas.

Quem não aceitar o conceito da Divindade sobrenatural, tem de aceitar a Reencarnação, ou então pôr de parte, por insolúvel, o problema da sua origem. Se é certo ser a hereditariedade que nos dá Budas e Cristo, é muito para estranhar que, até agora, tão poucas criaturas dessa envergadura moral tenham aparecido.

VII. — À mesma conclusão nos conduz a extraordinária diferença existente entre os diversos indivíduos, sob o ponto de vista das suas faculdades de assimilação de conhecimentos. Tomemos duas criaturas do mesmo nível intelectual, mais inteligentes que estúpidas; apresentemos a cada uma o mesmo sistema filosófico; e veremos, que, enquanto uma assimila rapidamente os seus princípios fundamentais, a outra fica impassível, inerte, sem nada compreender. Mas, se lhes apresentarmos um outro sistema, não será raro vermos precisamente o contrário. A primeira nada compreendeu e a segunda assimilou tudo com facilidade. E por quê? Porque uma tem "inclinação", "bossa", para uma forma de pensamento, a segunda para outro.

Dois estudantes sentem-se atraídos pela teosofia e começam simultaneamente o seu estudo; ao fim de um ano, um está perfeitamente familiarizado com as suas concepções principais, ao passo que o outro tenta, em vão, sair do labirinto dos seus conceitos. Para um, cada princípio era assimilado à primeira leitura; para o outro, tudo lhe pareceu novo, incompreensível, estranho.

Para quem crê na Reencarnação, a explicação deste fato reside em que as doutrinas eram velhas conhecidas para um e novas, desconhecidas para o outro; o primeiro aprende rapidamente visto que "se lembra"; o seu trabalho é apenas voltar a passar pela vista, repetir conhecimentos passados; ao segundo, custa a aprender, porque na sua própria experiência não entraram ainda estas verdades da Natureza, de modo que, só à força de muito trabalho, é que consegue assimilar doutrinas que lhe são presentes pela primeira vez.

VIII. — Intimamente ligada com este rápido recordar dos conhecimentos passados, está a intuição, que percebe uma verdade como tal, logo que lha apresentam, sem recorrer a nenhum processo lento de argumentação, para chegar à convicção da sua existência. Esta intuição, não é mais do que o reconhecimento de um fato já familiar numa vida passada, embora encontrado pela primeira vez na vida presente.

A sua característica é a ausência de um argumento que reforce a convicção interna, que se obteve apenas com a simples percepção do próprio fato; qualquer argumento que se procure e se construa para lhe demonstrar a realidade, é sempre para os outros, porque para quem teve a intuição do fato, os argumentos são totalmente desnecessários. Este trabalho já se realizou numa vida anterior, e não lhe é preciso tornar a trilhar o mesmo caminho em busca de provas que o convençam.

IX. — A Reencarnação resolve, como nenhuma outra teoria sobre a existência humana, os problemas de disparidades de circunstâncias, de capacidade, de oportunidade, etc., que doutro modo, serão sempre um argumento a favor da teoria absurda de que a Justiça não é um fator importante na vida, e de que, portanto, os homens são meros joguetes do favoritismo de um Criador irresponsável ou das forças cegas de uma Natureza desalmada.

Nasce uma criança com um cérebro adequado a abrigar todas as paixões animais, "um cérebro de criminoso", veículo de desejos perversos e de instintos brutais; filho de um ladrão e de uma rameira, o sangue que lhe infiltra a vida é um sangue impuro, envenenado; as circunstâncias que o rodeiam, o seu meio, educam-no no vício e incutem-lhe todas as espécies de inclinações condenáveis.

Outro, pelo contrário, nasce com um cérebro conformado para o bem, próprio para a manifestação de uma inteligência poderosa, com uma base física limitada para instrumento das paixões inferiores; filho de pais moralmente puros e intelectualmente sãos, tem uma natureza física construída com os melhores materiais, e tudo o que o rodeia, o empurra para o caminho da boa conduta, educando-o na repressão de todos os pensamentos inferiores e brutais. Um, por uma questão de organismo, de meio e de educação, está de antemão condenado a uma vida de crimes, ou na melhor das hipóteses — se o Divino, que reside em todos, se faz sentir — a uma luta espantosa, desvantajosíssima para ele, que, no caso pouco provável de vitória, o deixa mutilado, exausto, com o coração despedaçado. O outro, pelos mesmos motivos de organismo, de meio e educação, está de antemão destinado a uma vida de atividade benéfica; nunca terá de lutar contra um instinto mau; o caminho está-lhe traçado e tudo o guia para cima, para o bem.

Como se explicam estes dois destinos tão desiguais, se essas criaturas pisam pela primeira vez o palco da vida humana? Serão eles obra de qualquer Providência consciente, retriz, que cria assim duas vidas, condenando uma à maior degradação e enchendo a outra das maiores possibilidades de obtenção do bem? Se assim é, nada mais resta à humanidade soluçante e desvalida, presa nas garras de uma tremenda e insondável injustiça, do que tremer e submeter-se; mas não mais poderá falar da Justiça ou do Amor, como atributos da Divindade que adora e ama.

Se igual resultado provém das forças cegas da Natureza, também o homem se encontra completamente impotente nas garras de causas que não pode aprofundar, nem dominar; e, enquanto durar a sua raça, há de sentir sempre enroscada no coração, a serpente traiçoeira do ressentimento venenoso contra a injustiça, vendo que a sua boa ou má sorte há de depender da roda da loteria da Fortuna cega, sorte que cai sobre os homens, sem que eles tenham o poder de aceitar ou de recusar.

E se a Reencarnação for uma verdade? Se esta nobre e salutar doutrina for verdadeira, haverá uma Justiça que governa o mundo, e o destino do homem dependerá única e exclusivamente dele próprio. Ceder a pensamentos e a impulsos maus; fazer mal ao próximo; prosseguir sem escrúpulos fins egoístas, moldam para o homem que se reencarna um cérebro, que é instrumento próprio e adequado para a manifestação crescente daquelas tendências inferiores, um cérebro, no qual todas elas encontrarão alvéolos em que podem atuar com facilidade, ao passo que as forças boas não poderão encontrar lá órgãos físicos adequados à sua expressão. Uma tal natureza, tão perversamente dotada, sofrerá a atração irresistível das circunstâncias congêneres, onde pululam milhares de oportunidades para a prática do mal, e irá renascer de pais, cujos corpos envenenados, podem proporcionar os materiais físicos mais adequados a servir de alimento a tais manifestações.

Simplesmente horrível, não é verdade? Não há dúvida, tal como quando o vício inveterado da embriaguez conduz à destruição do corpo e do cérebro. Mas onde há a Justiça, a Lei inviolável, há esperança, porque nós não somos umas simples palhas ao sabor do vento; pelo contrário, somos senhores do nosso destino, visto que, por meio do conhecimento, podemos guiar e orientar essas leis que nunca nos abandonarão, convertendo-se em nossos auxiliares e nunca em inimigos. Pois, assim como o homem pode construir para o mal, pode fazê-lo para o bem, e vir a produzir o reverso dos resultados que acabam de ser esboçados.

A resistência aos maus pensamentos, o auxílio aos nossos semelhantes, a dedicação escrupulosa a fins generosos, tudo isto molda, para o homem que se reencarna, um cérebro que é o instrumento próprio para a manifestação crescente de todas as boas tendências, que nele encontrarão os meios adequados ao seu fácil funcionamento, ao passo que as forças perniciosas não encontrarão num cérebro assim constituído órgãos físicos próprios para o seu funcionamento.

Uma tal natureza, é igualmente atraída, a um campo de ação onde as oportunidades para a manifestação dos intentos generosos e altruístas se lhe agruparão em roda, e para pais dignos de lhe construírem o tabernáculo físico. Porém o tabernáculo é erguido, para cada caso, segundo o plano fornecido pelo arquiteto, o Ego, único responsável pela sua obra[1].

É também a Reencarnação que nos explica os contrastes flagrantes entre as aspirações de cada indivíduo e aquilo de que ele é capaz. Encontramos um espírito ansioso, aprisionado num corpo deficiente, e sabemos que, se não tem possibilidade de manifestar-se, é porque não teve o cuidado de utilizar as faculdades adquiridas numa vida anterior.

Vemos outro, empenhado em alcançar os maiores êxitos, lutanto fervorosamente para aprender as concepções mais sutis, mas falhando lamentavelmente na assimilação das idéias, mesmo as mais simples e fundamentais da filosofia que quer assimilar, ou na satisfação das condições exigidas por uma vida medianamente útil e altruista.

Foi a falta de aproveitamento das oportunidades passadas que determinou este insucesso: desatendidas ou voluntariamente postas de lado as possibilidades de grandes êxitos, o caminho de elevação do Ego aparece agora obstruído, a sua força paralisada, e a alma suspira ansiosamente, mas cheia de desalento, por um conhecimento que, embora nenhum poder exterior lhe negue, se lhe tornou inacessível, porque não pode vê-lo por mais à mão que ele realmente esteja.

---

[1] Não devemos esquecer nunca que a posição social, a riqueza, etc., nem sempre correm a par com a boa ou má qualidade do meio. No primeiro caso extremo, esboçado no texto, o meio é evidentemente mau, mas no segundo se o Ego pode encontrar em volta de si uma atmosfera perniciosa, é precisamente por ter alcançado o direito de ter oportunidades de aperfeiçoamento.

Pode apresentar-se ainda outro argumento para aqueles que crêem numa Providência pessoal, diretriz e criadora dos espíritos dos homens. Se assim fosse, teríamos a Divindade sempre pronta à primeira chamada das suas criaturas, no exercício da sua energia criadora, como se estivesse às ordens das paixões e da sensualidade dos homens, para criar um espírito humano que fosse habitar o corpo resultante de qualquer má ação ou de desejos desenfreados e condenáveis.

E, com franqueza, esta criação constante de espíritos novos para habitarem formas cuja existência depende do capricho do homem, encerra em si qualquer coisa que deve necessariamente repugnar àqueles que acalentam e prezam o ideal de um Ser Divino. E não vejo que haja outra alternativa para quem crê que o homem é um espírito, ou tem um espírito, como também se diz por aí, e não creia na Reencarnação[1].

X. — Outro argumento, dirigido apenas àqueles que crêem na imortalidade do homem, é que tudo que tem começo no tempo há de ter fim no tempo. Tudo o que começa há de acabar, e o correlativo necessário da imortalidade depois da morte é a existência eterna antes do berço. É por isso que Hume declara que a metempsicose é a única teoria sobre a alma a que a filosofia pode dar atenção, visto que "o que é incorruptível não pode ser gerado". O pensamento que se ergue à dignidade da filosofia tem forçosamente de aceitar a reencarnação ou então tem de admitir que a existência individual cessa com a morte.

---

[1] Vide o artigo do Prof. W. Knight na *Fortnightly Review*, set. 1878.

XI. — Por outro lado, não será contra a razão, dada a imortalidade da Inteligência espiritual do homem, supor que essa Inteligência venha ao mundo, vá habitar, por exemplo, o corpo de um habitante da ilha de Fidji, e o deixe, não voltando nunca mais para aprender as inúmeras lições que esta vida terrestre tem para ensinar, lições que nunca chegou a aprender?

Todos nós sabemos que o desenvolvimento intelectual a que se pode chegar na terra é incomparavelmente superior ao que alcança um desses australianos. Por que motivo há de esta inteligência deixar definitivamente a vida terrestre, antes de ter dominado completamente a todos os seus ensinamentos? Enviá-la, com a sua inexperiência e ignorância para esferas espirituais superiores, é o mesmo que matricular na Universidade um pequeno sem exame de instrução primária. O senso comum manda-o voltar, classe após classe, depois do descanso das férias, até alcançar as classes superiores secundárias, para passar, depois de ter aprendido as noções necessárias, para as escolas superiores, à vida mais ampla e aos estudos mais profundos dos cursos universitários.

XII. — A analogia sugere a coexistência dos elementos temporários e dos permanentes num ciclo de vida. As folhas de uma árvore nascem, amadurecem e caem; durante a vida buscam alimento, transformam-no em substâncias úteis à árvore, transmitem à árvore o resultado da sua energia vital — e morrem.

Não voltam a erguer-se, mas a árvore fica e produz na próxima primavera uma nova copa de folhas. É precisamente o que sucede com a personalidade; nasce e recolhe experiências; transmite-as à árvore de onde brotou e morre; passado o inverno, o Ego produz a nova personalidade com a missão de executar trabalho idêntico, e assim se vai construindo, e alimentando o crescimento da árvore-Homem.

Vemos, pois, em tudo, na Natureza inteira, o impermanente, trabalhando para o permanente, para o desenvolvimento daquela vida mais duradoura de que não é mais do que a expressão transitória.

XIII. — Os ciclos que se reproduzem na história assinalam a reencarnação de um grande número de pessoas, por assim dizer, em bloco. Encontramos no fim de períodos de mil e quinhentos anos, a reaparição de tipos de inteligências e de caráter que marcaram o começo desses períodos. Que o estudante fixe esta idéia no espírito, compare o período de Augusto, na história romana, com o ciclo de Elisabeth, na história da Inglaterra. Que compare o tipo conquistador, colonizador dos romanos, que ergueram impérios, com o dos ingleses.

Que compare a corrente do pensamento religioso nos séculos III e IV com a dos séculos XVIII e XIX, e que veja, se não lhe é fácil encontrar nos nossos dias, a prevalência do pensamento místico e gnóstico, a pista de uma reprodução do fim do século IV. Depois de ter seguido por algum tempo esta série de estudos, compreenderá, então, que a afirmação teosófica da existência de um "período médio de quinze séculos entre as encarnações" não é uma simples fantasia ou hipótese.

XIV. — A elevação e a decadência das raças explicam-se perfeitamente pela hipótese da reencarnação. Nota-se que algumas raças tendem a desaparecer, a mor-

97

rer, apesar dos esforços no sentido de lhes evitar a queda; as mulheres são invadidas pela esterilidade, diminuindo assim constantemente o seu número, de forma que a sua extinção completa é apenas uma questão de tempo. O que crê na Reencarnação, diz: "Os Egos abandonaram essa raça; tudo o que havia a aprender dessa expressão particular já está sabido; os Egos que outrora animavam os seus filhos foram para outras raças; já não há Egos-bebês para balbuciar através deles as lições dos seus primeiros ensinamentos humanos; e não havendo, por isso, procura daquela raça no plano das coisas, cessa a oferta, e a raça tem de desaparecer desse plano" Igualmente se nota que, quando uma raça atingiu o apogeu do seu aperfeiçoamento, começa um lento declinar, ao mesmo tempo que um outro povo inicia o caminho ascendente do seu aperfeiçoamento, elevando-se à medida que a outra declina.

É porque os Egos mais evoluídos, depois de terem utilizado um tipo de raça até onde a utilização era possível, procuram um outro tipo com possibilidades ainda maiores, e, deixando aos Egos menos evoluídos a encarnação no tipo precedente, passam para uma raça mais nova; e a pouco e pouco, de geração em geração, são sempre egos sucessivamente menos evoluídos que se reencarnam no primeiro tipo, que, em conseqüência disso, vai degenerando lentamente, até que, atingindo o estádio de decadência a que se aludiu, aparecem os sinais de uma extinção próxima e inevitável.

Não ficam por aqui as provas da realidade da reencarnação. Muitas outras se poderiam aduzir se não fosse a natureza elementar deste pequeno manual;

as apresentadas devem, no entanto, bastar. O estudante sério e aplicado encontrará facilmente outras, à medida que vá aprofundando o seu estudo e aumentando os seus conhecimentos.

V

OBJEÇÕES À REENCARNAÇÃO

As objeções que aqui apresentamos são tiradas das expostas pelos adversários e investigadores; servirão apenas de exemplo das que mais freqüentemente se erguem contra a Reencarnação:

I. — *A perda da memória.* Esta foi largamente tratada no parágrafo *O que não se reencarna,* sendo portanto desnecessárias mais explicações.

II. — *O aumento de população.* Havendo como afirmam os teosofistas, um número fixo de Egos, como se explicam os aumentos de população? Em primeiro lugar, é duvidoso que haja realmente aumentos na população total do Globo, embora o fato se dê em larga escala em pontos determinados. Não existe nenhum censo total, nem existem estatísticas que nos possam servir de guia. Mas, admitamos que realmente se verifica um aumento de população. Este está perfeitamente em harmonia com um aumento no número de Egos que se reencarnam, levando em conta a sua pequena proporção em relação ao número total de Egos desencarnados.

Concretizemos: suponhamos que há 3.000 Egos para reencarnar; destes, 100 estão encarnados, ficando fora da encarnação 2.900; para que os primeiros 100 voltem a encarnar-se tem de passar um período de mil e quinhentos anos, e assim sucessivamente com cada grupo de 100. Basta um ligeiro encurtamento do período que separa duas encarnações para aumentar necessariamente de uma forma considerável a população encarnada.

Os que apresentam esta objeção dão como assente que a proporção dos Egos desencarnados em relação aos encarnados é de um para dois, quando o número dos primeiros é imensamente maior que dos segundos. O globo é, por assim dizer, um pequeno salão numa grande cidade, onde se fazem reuniões parciais, a que concorrem porções desigualmente numerosas da população total. Pode estar umas vezes quase vazio, outras vezes completamente cheio, sem que esta diferença de freqüência, naquele ponto especial, indique variação na população total da cidade.

Da mesma forma, o nosso pequeno globo pode ter uma população mais ou menos densa, sem que o vasto número de Egos que lhe alimentam o total da população varie ou se esgote.

III. — *A Reencarnação desconhece a lei da hereditariedade.* Pelo contrário, torna-a imprescindível no plano físico. Admite que os pais, ao proporcionar os materiais físicos, selam estes com o seu cunho próprio, por assim dizer, e que as moléculas constituintes do corpo da criança levam consigo o hábito de vibrar em sentidos definidos e de associar em combinações especiais.

É assim que se transmitem as doenças hereditárias, as pequenas particularidades congênitas, os hábitos, os modos, etc. Mas, continua a objeção, isso não é tudo: as particularidades mentais transmitem-se também, tanto como as físicas. Isso é verdade até certo ponto, mas não no grau aceito por aqueles que querem explicar tudo com a mesma lei. Os átomos *prânicos,* assim como os físicos, são fornecidos pelos pais, e da mesma forma, os átomos *kâmicos,* principalmente pela mãe; estes funcionam nas moléculas do cérebro, exatamente como nas do resto do corpo, determinando, assim, a reaparição na criança das qualidades características vitais e passionais dos pais, que modificam as manifestações do Pensador, do *Manas,* do Ego que se reencarna. A teoria da Reencarnação admite todos estes modos de influência dos pais nos filhos; mas, ao mesmo tempo que lhes dá todo o seu valor, não põe de parte a influência da ação independente, de que existem provas tão patentes como as que existem da influência dos pais no Quaternário inferior; por isso, a Teosofia fornece uma explicação completa das diferenças e das semelhanças, ao passo que a hereditariedade dá apenas uma explicação parcial, e apenas sob um dos aspectos, baseando toda a argumentação no aspecto das semelhanças e saltando por cima do das diferenças.

IV. — *O atavismo é suficiente para explicar as diferenças.* É a resposta à crítica anterior. O gênio é explicado pelo atavismo e bem assim a diferença entre um tipo e os seus predecessores imediatos. Mas, se o gênio é um caso de atavismo, por que não conhecemos o antepassado que o possuía, visto que fatalmente, na sua geração, havia de se impor, ocupando um lugar de destaque entre a multidão do seu tempo? E, além disso, por essa teoria, o gênio só aparecia, de tempos a tempos, dentro da mesma família, naquela em que já se tinha manifestado. Se Shakespeare é um exemplo de atavismo, qual é o seu antecessor?

O fato de a aparição de um gênio numa família, até aí obscura, torná-la repentinamente ilustre, é uma prova negativa da hipótese do atavismo, visto que a obscuridade é uma conseqüência da ausência do gênio. E deve notar-se que, quando se atribui o aparecimento de um filho perverso numa família virtuosa à sucessão, a explicação não passa de uma conjetura, sem uma sombra de prova que a sustente. E, de resto, se é no atavismo que se deve procurar a causa do aparecimento de um gênio, não há motivo algum para que não seja no atavismo também que se procure a explicação dos outros casos.

V. — *A aparição de uma criança viciosa numa família virtuosa e vice-versa é contrária à teoria de que o Ego é atraído para as famílias que lhe possam proporcionar um corpo e circunstâncias adequadas.* À primeira vista parece uma objeção de peso, mas esquece-se a questão importantíssima dos lagos *kâmicos*. A Filosofia Esotérica ensina que os futuros destinos do Ego estão entrelaçados pelas relações que entre eles surgiram em qualquer vida terrestre.

Amor e ódio, benefício ou prejuízo, camaradagem no bem ou no mal, tudo tende a atrair entre si os Egos à terra, para o cumprimento combinado dos efeitos que determinaram, quando andaram unidos. Daqui vêm os ódios repugnantes e desnaturados neste plano, ódios tão inexplicáveis quão malignos, que se caracterizam por rasgos monstruosos de vingança dalgum agravo vago, não definido pela memória, mas de efeito dominante.

E é igualmente essa a causa da existência de laços indissolúveis, que unem os corações, sempre fortes através do espaço e do tempo, sem que a sua força se explique por uma causa desta vida; é que essa força assinala uma gênesis para além do limiar do nascimento.

VI

UMA ÚLTIMA PALAVRA

Termina aqui este tratado imperfeito, de um tema demasiado vasto e profundo para tão fraca pena como a minha. Este esboço, não é mais do que uma introdução elementaríssima ao estudo de um dos problemas mais transcendentais da existência humana; estudo talvez mais vital no estado atual da nossa civilização, do que qualquer outro a que o espírito humano se possa entregar.

A vida inteira muda de aspecto logo que a Reencarnação se converte numa convicção arraigada e profunda, acima de discussões e de argumentos. Cada dia da vida não passa de uma página do grande drama da existência; cada pesar é apenas a sombra veloz de uma nuvem passageira; cada alegria é simplesmente um raio momentâneo do sol refletido num espelho móvel; cada morte uma mera mudança de uma casa arruinada. A força de uma eterna mocidade começa lentamente a ingerir-se na vida que desperta; a calma de uma serenidade imensa vai amadurecendo por cima das ondas agitadas do pensamento humano; a glória radiosa da Inteligência imortal atravessa as nuvens opacas e densas da matéria, e a Paz imperecível, que nada fez agitar, espalha a sua alvura imaculada sobre o espírito triunfante.

De pináculo em pináculo, as alturas espirituais vão-se erguendo do éter ilimitado, passos que ascendem no azul incomensurável, e se desvanecem na distância infinita que vela o Futuro imenso e além de toda a imaginação, mesmo para o espírito alado do Homem.

E então, cego pelo deslumbramento da luz, envolto numa esperança demasiado profunda para ser alegre, demasiado certa para ser triunfante, demasiado grande para ser pronunciada, o Homem entra na consciência do Absoluto, perante o qual a nossa consciência é como inconsciência, até que a Eternidade vibre de novo ao clarim da alvorada:

Avança, porque o dia de Brahma *está na aurora e a nova Roda começa a girar.*

Leia também

AUXILIARES INVISÍVEIS
C. W. Leadbeater

Um manual empolgante, por suas descrições das atividades, algumas dramáticas, dos Auxiliares Invisíveis no mundo astral. Adiciona um informe sucinto dos requisitos necessários aos que sonham ingressar no grupo desses auxiliares. É um repositório de fé e confiança para todas as almas.

O HOMEM VISÍVEL E INVISÍVEL
C. W Leadbeater

Um estudo das variações da aura dos diferentes tipos de indivíduos. Completo exame da dupla natureza do homem, e muito especialmente do lado fisicamente invisível de seu ser, porém nitidamente visível a pessoas dotadas de clarividência — faculdade hoje admitida pela moderna Parapsicologia e que Leadbeater emprega com segurança.

O CRISTIANISMO ESOTÉRICO
Annie Besant

Cientificamente, é o tratado mais completo, mais compreensivo e mais lúcido sobre a grande religião cristã. É um estudo da vida de Cristo sob três aspectos: o mitológico, o histórico e o místico. Ademais, analisa os diversos sacramentos, suas razões e seus efeitos ocultos e espirituais nos fiéis religiosos. É uma obra que interessa a todos, cristãos ou não-cristãos.

EDITORA PENSAMENTO

A MÔNADA

C. W. Leadbeater

A palavra mônada deriva do vocábulo grego *monas* e significa "só", "solitário", "unidade". Foi usada primeiro por Pitágoras e mais tarde por Leibnitz. No Ocultismo é um centro de consciência, uma centelha imortal da Chama Divina, de cujas qualidades participa. Dessa condição, portanto, deriva o fato de ser, como sua Chama, potencialmente onisciente e onipresente em seu próprio plano, o Monádico, conhecido na filosofia indiana por *Anupádaka*. Contém, pois, em estado latente, todos os atributos e poderes divinos que evolutivamente vão-se manifestando mercê das impressões e dos impactos nascidos do relacionamento com os objetos do universo com os quais a Mônada estabelece contacto. Em sendo una em essência, ela existe em todos os reinos da natureza e mais plenamente no Homem Perfeito. Leadbeater examina-a com o peso de sua notória competência e sabedoria, particularmente quando se faz presente no homem imortal — que é a sua Consciência Superior — levando em conta os diversos aspectos de sua manifestação através da vontade espiritual, da intuição, da inspiração, da meditação e de outros fenômenos e atividades humanas. Como diz o Autor, "as ensaios incluídos neste livro são todos sobre assuntos da mais alta importância, que nossos estudantes devem tentar compreender".

EDITORA PENSAMENTO

A CLARIVIDÊNCIA

C. W. Leadbeater

O Autor, ocultista bem fundamentado e teósofo conhecido e respeitado no mundo todo, foi um pesquisador sempre firme e incansável do lado oculto da natureza e dos poderes latentes no ser humano. C. W. Leadbeater estudou em Oxford. Com a morte do pai, abandonou a universidade, passando a acolitar um tio na Igreja Anglicana, realçando-se como sacerdote até 1884. Convencido de que a fé não pode ser um ato cego, dedicou-se aos estudos psíquicos e ao Ocultismo. Leu as obras de Sinnett e, logo depois, esteve com Blavatsky, encontro esse que o fez deixar a Igreja Anglicana e ingressar na Sociedade Teosófica. Acompanhou HPB à Índia, onde pôde elevar a níveis ótimos as suas faculdades de clarividente.

Neste volume, Leadbeater expõe com muita clareza os diversos tipos de clarividência: a clarividência simples; a clarividência no espaço; a clarividência no tempo e os métodos de desenvolvimento da clarividência. Traduziu-o o poeta e pensador português Fernando Pessoa.

EDITORA PENSAMENTO

Editora Pensamento
Rua Dr. Mário Vicente, 374
04270 São Paulo, SP
Fone 272-1399

Gráfica Pensamento
Rua Domingos Paiva, 60
03043 São Paulo, SP